障害のある子どもと共に学ぶ
バリアフリーをめざす体育授業

監　修：後藤　邦夫
編　集：筑波大学附属学校保健体育研究会

株式会社 杏林書院

著者一覧

監　修：後藤　邦夫（筑波大学体育科学系助教授）

編　集：筑波大学附属学校保健体育研究会
　　　　阿部　　崇（附属大塚養護学校）
　　　　内田　匡輔（東海大学体育学部／元附属中学校）
　　　　神田　基史（附属大塚養護学校）
　　　　貴志　　泉（附属高等学校）
　　　　寺西　真人（附属盲学校）
　　　　原田　清生（附属盲学校）
　　　　松浦　孝明（桐が丘養護学校）
　　　　松原　　豊（特別支援教育研究センター）
　　　　山本　　悟（附属小学校）
　　　　　　　　　　　　　　　（五十音順）

まえがき

　私は筑波大学で、障害のある人とスポーツに関する講義や、何らかの身体的、精神的な問題を持つ学生の教養課目の実技の授業をいくつか担当しています。毎年授業の一コマで、パラリンピックのアスリート達の姿を学生達に見せています。履修学生は、スポーツのトレーニングを現在も真剣に行っている、または、過去に行ってきた学生達です。そして、VTRを見終わった後のレポートに、多くの学生がきまって「パラリンピックの選手達があんなにがんばっているのだから、自分ももっとがんばらなければならないと思う」という趣旨のレポートを記しているのを目にします。同じVTRを使って授業をしている埼玉大学でも、まったく同様の反応という担当の先生からの意見も聞きます。

　平成12年7月16日付け朝日新聞「この人が読みたい」に、「五体不満足」の著者乙武洋匡氏がゲストとなっていました。彼のもとへ寄せられる読者からの手紙の大半が、「乙武さんが頑張っているのを見て励まされました。私も頑張ります。本当にありがとう」と結ばれていることを語り、本意の伝わらなかった乙武氏の思いをその記事は記しています。

　「障害のある選手があんなに頑張っているんだから、自分ももっと頑張らねば」「乙武さんもあんなにがんばったんだから、自分も頑張ろう」という意見は、乙武氏も紙上で『障害者を下に見ているような視線も感じてしまった』と語っておられるように、その基にある障害のある人達に対する無意識の心の障壁を、私も感じてしまいます。

　障害とは、世界保健機構によると
　①機能・形態障害・・・心理的、生理的、解剖学的構造または機能の喪失または異常
　②能力障害・・・・・・人間として正常と考えられている形またはその限度内での活動の能力の喪失
　③社会的不利・・・・機能障害や能力障害によって生ずる社会的不利

　という三つの側面があると規定しています（注：WHOでは、用語の検討を行ってきており、①機能・形態障害を「身体の機能と構造」、②能力障害を「活動の限界」、③社会的不利を「参加の制限」という言葉で表そうという活動を展開しつつあります）。

　また、病気と障害の関係でいえば
　①病気と無関係な障害・・・不慮の事故、交通事故等
　②病気と共にある障害・・・糖尿病、筋萎縮症、盲膜色素変成等
　③病後に生ずる障害・・・・脳内出血後遺症、その他内臓の疾病による後遺症

　そして上の①、②については、義手や義足といった補装具や、人工の臓器の開発といったリハビリテーション関連の医科学の進歩により、機能を取り戻したり、能力を取り戻す人達が増えています。しかし、③については、ある面では科学の進歩に頼る部分もありますが、周囲の人の心に負う部分も多くあるので、私達一人ひとりの心のありようが「共に生きる」という世の中にシフトしていかないと

変わりません。そのような意味において、前述のようなレポートや、乙武氏に寄せられる読者からの手紙がとても気になります。

厚生省発表（平成8年）の日本の障害者統計によると、障害のある方々の数は、統計をとり発表する度ごとに増加しています（前回の発表より7.8％増）。視覚（13.6％減）や聴覚・言語（2.2％減）に障害のある人達は減少していますが、肢体不自由（6.7％増）の障害の人は増加し、また、特に心臓にペースメーカーを入れている、あるいは、人造の排泄器を用いているといった人工的な機器の使用や、腎臓の透析を受けている等の身体内部の障害の人達の増加が著しく、前回比は35.6％と大幅増となっています。また、1970年頃から始まった老人人口の増加は、障害のある人の問題と直結をしています。そのうえ、国民の疾病の状況を見ると、後遺症として身体的な障害を生む疾病の増加は、障害のある人達の増加の傾向をこのままひきずりそうです。

筑波大学には、小学校、中学校2校、高等学校3校、それに盲学校、聾学校、肢体（桐が丘養護学校）と知的（大塚養護学校）の養護学校を合わせて10校の附属学校があります。今はなくなってしまいましたが、かつて、筑波大学には附属学校の先生が、1年間大学で自由に勉強をするいわば内地留学のような制度がありました。この制度を附属高等学校の貴志先生が利用をしている時に、附属学校の体育の先生達と大学から私が出席して共に勉強会を始めました。皆が共通して取り扱え、かつ、時代に則したキーワードに、「総合的な学習」や「共に生きる」「交流教育」というテーマが浮かび上がりました。「体育」というあるいは最も「共に学ぶ」ということができにくい教科の中でそれを実現することの意義は、これからの時代に絶対に必要なことですし、現在行われている附属間の交流のまとめにもなるということで、「体育・スポーツ」「インクルージョン」を基本的なコンセプトとして勉強会が進みました。

私達が授業を通して感じたことを、そのまま表してみました。そのことによって、今まで体育という教科で通常行われてきた「障害があるから体育は見学」といったパターンに、少しでも風穴をあけ、「共に学ぶ」ことを実現したかったからです。それが障害のない学習者達にとって、「障害ってこんなものだったのだ」という新しい発見を与えてくれ、彼等と障害のある人達との距離を縮め、乙武氏や私が危惧したような障害のある人達を無意識に差別視している心の壁を取り払うものと確信しているからです。

私達は、この本の底に流れている授業に対する考えを、できるだけ多くの子どもに通用するようにとの思いで書きました。しかし、障害のある人達に関する本では、必ずといってよいほど関係者が突き当たる壁があります。それは、障害は多様で、そして一人ひとり違うので、この本の内容が、自分の抱えている子ども達には参考にならないと感じる読者の方もいるということです。そのような批判は甘んじて受け、今後、読者の方と交流をしながら、勉強させていただきたいと思っています。

2000年12月

筑波大学体育科学系　後藤　邦夫

CONTENTS

1章　取り残された障害児

1　肢体不自由のある児童・生徒の小・中・高等学校における体育活動
〜附属桐が丘養護学校における実態調査の結果から〜……………………2
 1．平成4年度調査（小・中・高等学校に在籍したことのある児童・生徒へのアンケート結果から）……………………………………………………2
  1）調査の結果から／2）平成4年度調査のまとめ
 2．平成12年度調査（小・中学校での体育授業の現状）………………6
  1）肢体不自由のある児童・生徒の半数が参加できない体育授業／2）体育授業参加の現状／3）補助具の使用は体育授業への参加に影響するか？／4）運動会参加状況について（中学校在籍時）／5）参加しやすい種目、参加しにくい種目／6）小・中・高等学校の体育授業に期待すること

2　肢体に不自由ある生徒が受けた体育授業……………………………11
 1．体育授業の中のA君……………………………………………………11
  1）小学校での体育授業／2）中学校当時の体育授業
 2．肢体不自由のある子どもの体育授業…………………………………16

3　障害があるB君を受け入れることができた学生達…………………17
 1．B君のプロフィールと授業の内容……………………………………17
  1）授業の経過
 2．障害の受けとめ方………………………………………………………20
  1）学生達のレポートから／2）B君のレポートより

4　小学校からやってきた聴覚障害児達との体育授業…………………25
 1．小学校からやってきた生徒の体育のとらえ方………………………25
  1）僕もやるの？―「お客様」からの脱却―／2）思いっきりやってるんだけどなぁ。―まずやってみることへの挑戦／3）スポーツテストって何？　―自分の体力を数値で見てみよう―
 2．2,726人の仲間達へ……………………………………………………28

2章　バリアフリーをめざした授業の実践

- 1　正課体育を通して変わったCさんの思い …………………………………… 32
  - 1．筑波大学における正課体育 ……………………………………………… 32
    - 1）筑波大学での正課体育の概略／2）授業にあたっての配慮
  - 2．Cさんのプロフィールと授業の内容 …………………………………… 35
    - 1）ルールの変更／2）Cさんの感想
- 2　ゴールボールに挑戦 …………………………………………………………… 39
  - 1．ゴールボールの授業への導入 …………………………………………… 39
    - 1）授業の計画と目標／2）授業の実際
  - 2．授業後の児童達の感想とまとめ ………………………………………… 44
- 3　体育授業での車椅子バスケットボールの実践 ……………………………… 46
  - 1．車椅子バスケットボールが生徒達に与えるもの ……………………… 46
    - 1）実践概要／2）単元計画／3）ルールの変更
  - 2．評　価 ……………………………………………………………………… 51
- 4　知的障害養護学校における逆統合保育の試み ……………………………… 52
  - 1．附属大塚養護学校幼稚部の逆統合保育の試行 ………………………… 52
    - 1）幼稚部における統合・交流保育の諸条件／2）統合保育の実際／3）保護者、公開保育参加者、教員の思い・意識に関して／4）逆統合保育の中での体育・運動
  - 2．逆統合保育の評価 ………………………………………………………… 58

3章　授業に生かせるスポーツの指導法

- 授業計画と指導のポイント ……………………………………………………… 60
  - 1．肢体不自由児の授業計画と指導のポイント …………………………… 60
    - 1）肢体不自由について／2）指導計画作成上の留意点／3）既成の体育、スポーツ種目の適応／4）指導上の注意点
  - 2．視覚障害児の授業計画と指導のポイント ……………………………… 64
    - 1）視覚障害について／2）指導計画作成上の留意点／3）指導内容、主な教材／4）指導のポイント／5）指導上の注意点
  - 3．聴覚障害児の授業計画と指導のポイント ……………………………… 67
    - 1）聴覚障害について／2）指導計画作成の留意点（個別指導計画等）／3）指導内容、主な教材／4）指導のポイント／5）指導上の注意点

4章　授業に生かせるスポーツ教材例

1　基本の運動（跳ぶ・走る・投げる）と視覚障害児のための陸上運動 ……… 72
　　1．跳　ぶ ……………………………………………………………………… 72
　　　　　1）指導の方法／2）いろいろなバリエーション／3）発　展
　　2．走　る ……………………………………………………………………… 74
　　　　　1）指導の方法
　　3．投げる ……………………………………………………………………… 75
　　　　　1）指導の方法
　　4．陸上運動 …………………………………………………………………… 76
　　　　　1）教材の概要／2）種目別の指導の方法と留意点／3）展開の工
　　　　　夫

2　水　泳 …………………………………………………………………………… 80
　　　　　1）水・水泳の持つ特性
　　1．肢体不自由児の水泳 ……………………………………………………… 81
　　　　　1）指導の方法／2）水泳指導における障害別留意点
　　2．聴覚障害児の水泳 ………………………………………………………… 85
　　　　　1）指導の方法／2）聴覚障害児の水泳指導における留意点
　　3．視覚障害児の水泳 ………………………………………………………… 87
　　　　　1）指導の方法／2）視覚障害児の水泳指導における留意点

3　ダンス …………………………………………………………………………… 90
　　　　　1）指導の方法／2）指導上の留意点／3）体ほぐし運動との関連

4　球　技 …………………………………………………………………………… 98
　　1．野球・ソフトボール ……………………………………………………… 98
　　　　　1）指導の方法／2）指導上の留意点／3）野球の種類と使用する
　　　　　用具
　　2．ボッチャ競技 ……………………………………………………………… 107
　　　　　1）ボッチャ競技の特性／2）指導の方法／3）指導上の留意点
　　3．ビーチボール ……………………………………………………………… 113
　　　　　1）ビーチボール競技の特性／2）指導の方法と障害別留意点／
　　　　　3）展開の工夫
　　4．卓　球 ……………………………………………………………………… 117
　　　　　1）ルールと用具／2）指導の方法

5　フライングディスク …………………………………………………………… 119
　　　　　1）特性と用具／2）指導の方法／3）フライングディスクを使っ
　　　　　た競技／4）指導上の障害別留意点／5）展開の工夫

6　スキー …………………………………………………………………………… 127
　　　　　1）事前の学習／2）指導の方法

5章　障害者スポーツの歴史と現状

1　歴史的な流れ―海外と日本―……………………………………………………132
　　1．海外における障害者スポーツ ………………………………………………132
　　　　　　1）第二次世界大戦以前の障害者スポーツ／2）第二次世界大戦後の障害者スポーツの発展／3）障害別国際競技団体の設立／4）知的障害のある人のスポーツ
　　2．日本における障害者スポーツ ………………………………………………135
　　　　　　1）視覚・聴覚障害者の体育・スポーツの歩み／2）肢体不自由者のスポーツの歩み／3）全国身体障害者スポーツ大会とジャパンパラリンピック／4）知的障害者のスポーツの歩み
2　世界の障害者スポーツの現状 ……………………………………………………140
　　1．世界的な現状 …………………………………………………………………140
　　　　　　1）イギリスの現状／2）アメリカの現状／3）ドイツの現状／4）スペインの現状／5）フランスの現状／6）オーストラリアの現状
　　2．活動形態の多様化 ……………………………………………………………146
3　日本の障害者スポーツの現状、問題、課題 ……………………………………148
　　1．日本における障害者教育の歴史 ……………………………………………148
　　　　　　1）スポーツの大会／2）障害者スポーツ協会
　　2．障害者スポーツの現状 ………………………………………………………149
　　　　　　1）日本の障害者数／2）障害者スポーツ振興
　　3．障害者スポーツの問題点、今後の課題 ……………………………………152
　　　　　　1）障害者間のスポーツ振興速度のずれ／2）指導者の問題／3）遅れている振興策／4）スポーツの場

6章　学校体育と障害者スポーツ（座談会・対談）

　　座談会 ………………………………………………………………………………158
　　対　談 ………………………………………………………………………………173

＊本書では、障害（児）者を、障害者と表記いたします。

1章
取り残された障害児

　小・中・高等学校で行われている体育の授業の中で、障害のある児童・生徒達はどのような時間を過ごし、また、そこで何を思ってきたのでしょうか？
　1章では、具体的な例をもとに、その問題点を取り上げます。

1　肢体不自由のある児童・生徒の小・中・高等学校における体育活動～附属桐が丘養護学校における実態調査の結果から～

2　肢体に不自由のある生徒が受けた体育授業

3　障害があるB君を受け入れることができた学生達

4　小学校からやってきた聴覚障害児達との体育授業

1 肢体不自由のある児童・生徒の小・中・高等学校における体育活動
～附属桐が丘養護学校における実態調査の結果から～

1．平成4年度調査（小・中・高等学校に在籍したことのある児童・生徒へのアンケート結果から）

　筑波大学附属桐が丘養護学校は、小・中・高等学校から転入、あるいはそれらの学校へ転出していく児童・生徒が比較的多くいます。したがって、小・中・高等学校における彼らの様子を聞く機会が多くあります。その中で体育の授業に関しては、「すべて見学をしていた」、「審判などの役割で参加していた」、「別の先生と一緒に訓練的な内容をしていた」など、障害のない児童・生徒とは異なった活動をしている話を多く耳にしました。また、運動会や球技大会などの体育的行事に関しても見学であったり、放送係を専門的にしていたりするなど、実際に身体活動を行っていない例が多くあるようでした。

　また、体育の指導をしていて気が付いたことですが、小・中・高等学校在籍中に体育活動を見学してきた児童・生徒が、障害の程度に比べて運動技能が未習熟であったり、球技などの集団活動が不慣れであったりする傾向が見られました。本校の保健体育科でこの点について話し合いを持った結果、必要な時期に適切な体育を受けることができず、運動経験をする機会を与えられなかったことが、こうした結果につながっているのではないかと考えられました。

　学校期の体育は、生涯のそれぞれの時期に豊かで適切な運動生活ができるように、人間と運動の関係について基礎的な学習を行うのであり、生涯スポーツの基礎を培う大切な時期です。障害があるからという理由で、学校期の体育活動を受ける機会が与えられないことは、非常に重大な問題となります。

　そこで本校に在籍中、あるいは在籍していた児童・生徒を対象として、小・中・高等学校での体育活動の参加状況についての調査を行ってみました。

1）調査の結果から
（1）体育授業への参加について

　68名の調査対象となる小・中・高等学校に在籍したことのある児童・生徒、および卒業生などに対してアンケートを実施し、回答していただけたのは46名でした。（回収率67.6％）体育活動への参加の仕方を、本人の移動の方法別に「補助なしで歩ける」、「杖や車椅子などの補助具を使用する」、に分けて集計しま

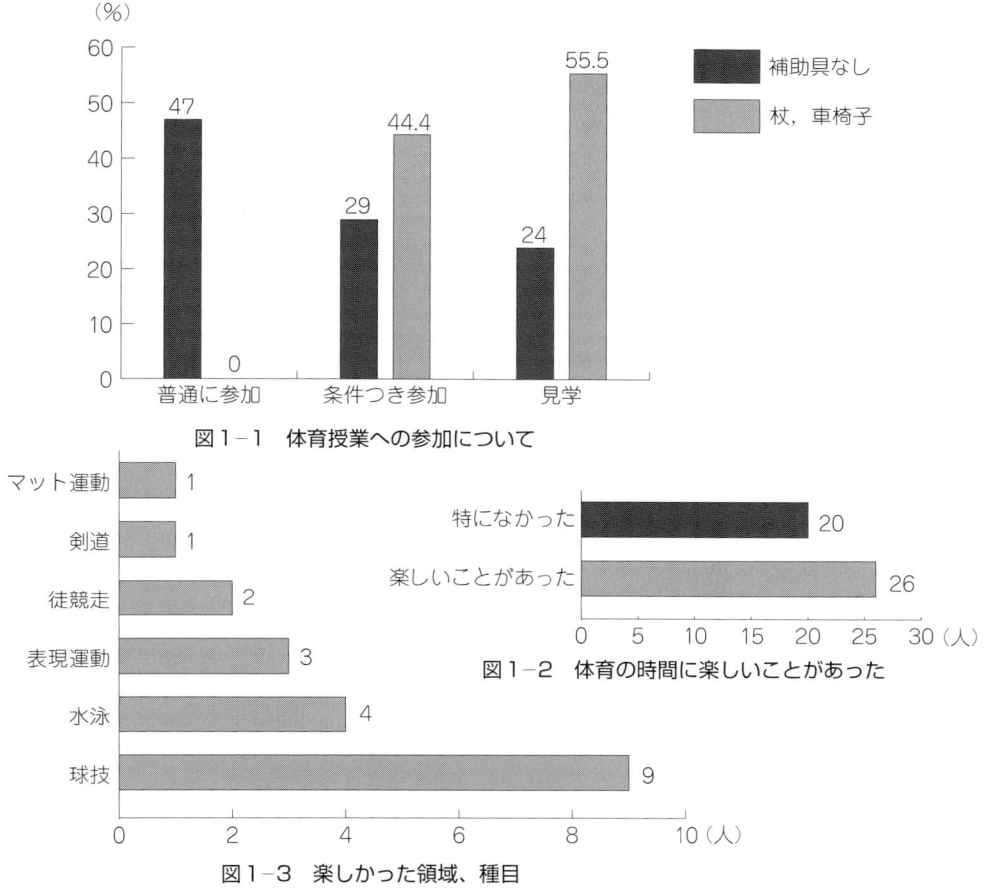

図1-1 体育授業への参加について

図1-2 体育の時間に楽しいことがあった

図1-3 楽しかった領域、種目

した。**図1-1**は体育の授業への参加についての結果です。「補助具を使用しない児童・生徒で普通に参加できた」は47％、「特定の種目や課題などの条件付きで参加できた」44％、「すべて見学だった」24％でした。杖、車椅子などの補助具を使用している児童・生徒では、「普通に参加できた」は誰もおらず0％、「条件付き参加」が44％、「すべて見学だった」は56％でした。

　参加の条件については、「種目によって参加の有無が異なっていた」、「可能な活動だけ参加した」、「記録係、審判係など他の児童・生徒とは別の役割で参加した」、「クラスの授業とは別の場所で異なった活動をした」などの例が見られました。参加の条件については、ほとんど担当の教師が決めていたようですが、自分で決めたり、親が決めたりした例もありました。参加できた領域、種目は体操が最も多く、ついで水泳、表現運動、バドミントンなどがみられました。

　「体育の授業で楽しいことがありましたか」の質問に関しては、半数以上が「あった」と回答しました（**図1-2**）。ただし、見学だった者で楽しいことがあったと答えた者は1人しかいませんでした。見学で楽しかったと答えた者の理由

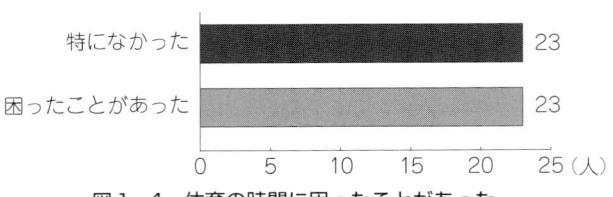

図1-4 体育の時間に困ったことがあった

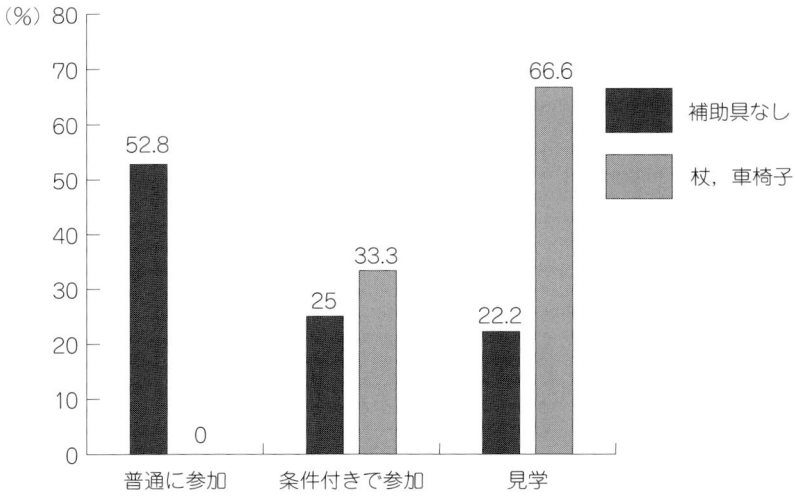

図1-5 体育行事への参加について

は、「見学することによって、友達一人ひとりに対する接し方や話のネタづくりに役立った。」というものでした。楽しかった領域、種目では球技が最も多く、次いで水泳、表現運動でした。参加できた領域で一番多かった体操は、楽しかった領域・種目の中には含まれていませんでした（**図1-3**）。楽しかった理由には「皆と一緒に授業ができた」、「遊びが入った授業が楽しい」、「いろいろな人が応援してくれた」「体育そのものが好き」等さまざまな答えが見られましたが、「クラスの仲間と一緒に運動を楽しめたこと」と答えた者が多くいました。具体的には、表現運動だけ参加できた女子が「創作ダンスを3人グループで行い、うまくできてほめられたことがうれしかった」例や、「水泳で、自分のスピードに合わせて泳ぐことを課題にしてくれたことがうれしかった」と答えた男子の例が印象的でした。

　体育の授業で困ったことがあったと答えた児童・生徒は、全体の半数でした（**図1-4**）。困った理由には、「着替え」、「教室移動」などのADL面に関すること、「自分にもできそうなのにやらせてくれない」、「皆とペースが合わないことを理解してもらえない」など、障害の理解に関することなどが挙げられていました。見学だった生徒からは、「暑いとき寒いときにじっとして見学をしなければならなかったこと」や、「レポートを書くことが大変であった」などの答えが見られ

ました。
(2) 体育的行事への参加について
　運動会、球技大会などの体育的行事への参加の仕方を**図1-5**にまとめました。体育授業への参加と同様の傾向ですが、補助具を使用しない者で普通に参加している割合が増えており、逆に杖、車椅子の者では見学の割合が増えていました。条件付き参加の内容は、リレーなどで走る距離を半分にしたり、行進やマスゲームに不参加だったりすることでした。杖、車椅子の者で競技に不参加だった何名かは審判係、記録係、放送係などの役割で参加していました。

2）平成4年度調査のまとめ
　調査の結果からは、小・中・高等学校で肢体不自由のある児童・生徒が体育活動に普通に参加することが難しいことがわかりました。肢体不自由のある児童・生徒は障害のない児童・生徒と同じように、クラスの仲間と一緒に運動を楽しみたいという欲求を持っています。そして、運動することは、障害のない児童・生徒にとって必要不可欠な教育内容であるのと同様に、肢体不自由のある児童・生徒にとっても必要です。しかし、実際には前述の結果のように、肢体不自由のある児童・生徒が、小・中・高等学校で体育活動を行うには困難なことが多いようです。この理由について、この調査結果だけでは断定できませんが、いくつかの意見から、障害のある児童・生徒に対する理解が十分ではないこと、障害のある児童・生徒と共に実施できる体育の指導内容や方法に関する実践的な研究が少ないことなどが考えられます。

　肢体不自由のある児童・生徒には走ることが苦手な者が多くいます。けれども、障害のない児童・生徒の中にも走ることが得意でない者がいるはずです。走ることの苦手な者が、得意な者と同じ速さで走ることができなければ、体育活動に参加できない訳ではないのと同じく、障害のある児童・生徒が体育活動に参加する場合、障害のない児童・生徒とまったく同じ活動ができなければ参加できないわけではないのです。例えば、同じ授業の中で、児童・生徒の実態に合わせて課題やルール、用具を変更してもよいのです。「五体不満足」の著者の乙武氏が述べているように「オトちゃんルール」が、児童・生徒の間から自然に生まれることによって、重度の障害のある彼がクラスの中で当たり前のように運動を楽しむことができたのは、こうした考えに立っていると思われます。このように、個に応じて運動の内容や方法を適切に合わせていくことで障害のある児童・生徒とない児童・生徒が共に体育を楽しむことを、アメリカでは「Inclusive Physical Education」（インクルージョンでの体育）と呼んでいます。

　インクルージョンでの体育は、通常の体育カリキュラムに障害のある児童・生徒を入れればよいというだけではありません。障害のある児童・生徒を含むことのできるカリキュラムの考案、指導内容の選定、指導体制の充実が必要となって

きます。本調査では、創作ダンスや水泳などの事例が参考になります。

【松原　豊】

2．平成12年度調査（小・中学校での体育授業の現状）

1）肢体不自由のある児童・生徒の半数が参加できない体育授業

　　平成4年度の調査から8年が経過し、肢体不自由のある児童・生徒を取りまく教育環境も変わってきました。インクルージョンという考え方も広まりつつあり、障害のある児童・生徒の小・中・高等学校での在籍数も増加しています。この傾向は、文部科学省の調査研究協力者会議の最終報告（平成13年1月）で障害のある児童・生徒の就学基準の見直しが提案されたことにより、ますます顕著になることが予想されます。

　　しかし、今回の調査結果から肢体不自由のある児童・生徒に対して小・中学校の体育授業での対応は、8年前とほとんど変わらない状況であることが明らかになりました。肢体不自由のある生徒は、地域の中学校（通常の学級）の中では、いまだにその半数が、体育授業に参加できない現状だったのです。

2）体育授業参加の現状

　　平成12年度調査は、筑波大学附属桐が丘養護学校高等部生徒の中で地域の公立中学校を卒業した16名に対してアンケート調査を行いました。16名の生徒の障害と所属学級およびアンケートの質問項目は、**表1-1、2**に示したとおりです。

　　体育授業への参加状況の質問は、1：体育授業すべてに参加（全参加）、2：種目を選んで参加（種目参加）、3：見学、4：別行動、から選択してもらいました。全参加と種目参加と回答した生徒は、授業に参加した生徒、見学と別行動と回答した生徒は、授業に参加できなかった生徒です。**図1-6**は通常の学級に在籍した12名の生徒の体育授業参加状況です。小学校在籍時を見ると体育授業に参加できた（種目参加を含む）生徒は8名、見学や別行動で体育授業に参加できなかった生徒が4名となっています。この12名が中学校に進学すると体育授業に参

表1-1　障害の内訳と小・中学校在籍時の所属学級

●障害の内訳	
脳源性麻痺（脳障害）	10名
二分脊椎症	2名
筋萎縮症	2名
その他	2名
●所属学級	
通常の学級	12名
特殊学級	4名

表1-2　アンケート質問項目

- 小学校在籍時の体育授業参加状況と補助具の使用
- 中学校在籍時の体育授業参加状況と補助具の使用
- 体育授業に参加できなくなった時期
- 参加しやすかった種目、参加しにくかった種目
- 運動会参加状況
- 体育授業の好き嫌い

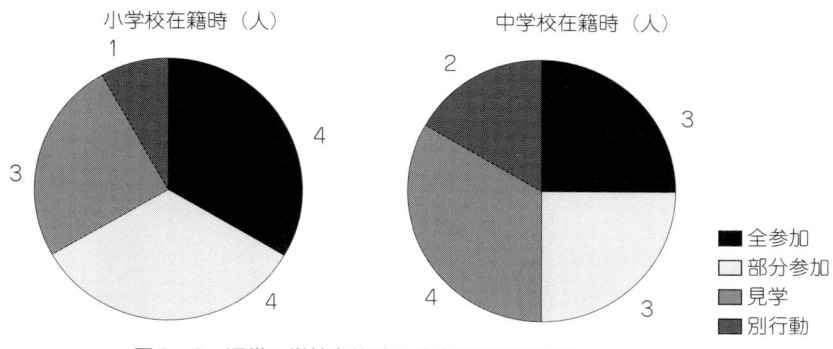

図1-6　通常の学校在籍時の体育授業参加状況

加できた生徒が6名と減少し、授業に参加できなかった生徒が6名に増加しています。体育授業に参加できなかった生徒は、小学校から中学校に進学した際に2名増加しています。すなわち、中学校在籍時には半数が体育授業に参加できずに見学、もしくは、別行動で過ごしたことになるわけです。小学校と中学校の9年間を通じて見学だけで過ごし、他の児童・生徒と一緒に運動する機会がまったく与えられなかった生徒が3名もいたことには驚きを感じます。

またこの調査から、小学校高学年から中学校入学の時期が体育授業参加における一つのポイントとなっていること、つまり肢体不自由のある児童・生徒は、小学校高学年になると徐々に体育授業に参加しにくくなり、中学校へ進学した際に体育授業へ参加できなくなるケースが増加する傾向であることが判断できます。

この時期は、一般的にも第二次成長期を迎え成長の著しい時期であり、体格（身体発育）と運動のスピードや技能など体力（運動能力）の個人差が顕著になってきます。したがって、体育授業の中でも体力の優劣がはっきりと見られるようになり、運動が苦手な児童・生徒にとって体育嫌いになる時期でもあります。身体に障害がある児童・生徒は特に体力面での個人差が大きく目立つケースが見られます。小学校高学年から中学校に入学する時期は、身体の障害に加えて体格や体力の個人差が大きくなり、体育授業中に接触等による事故の発生を危惧して学校や教師が体育授業不参加という判断を下すようになるのではないでしょうか。

また、肢体不自由のある児童・生徒は小学校高学年の頃に運動機能の機能改善の為に手術を受けることも多く、複数の肢体不自由のある児童・生徒とその保護者は、手術や入院をきっかけに体育授業に参加しにくくなったとアンケートに回答しています。手術後は体力や機能の回復に時間を要することが多く、児童・生徒や保護者もこの時期に体育授業へ参加できないことを納得してしまう傾向があるようです。

授業を見学した生徒の活動は、「見ているだけ」、「教師の手伝い」などで、別行動と答えた生徒の活動は、「別教室での自習と介助員と2人でレクリエーション的な運動をした」となっています。どちらも、他の児童・生徒と一緒に運動す

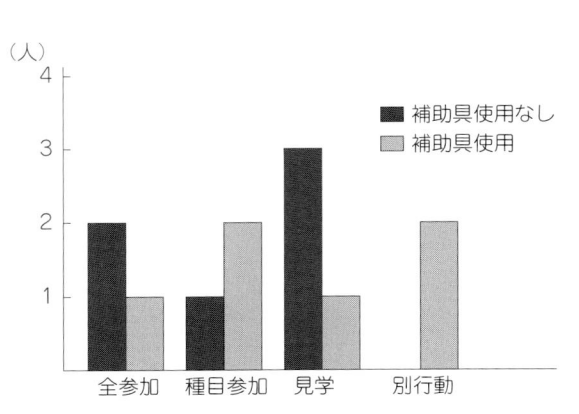
図1-7　補助具使用による体育授業参加状況

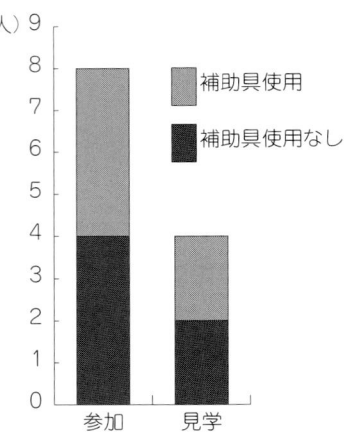
図1-8　運動会参加状況

る機会は与えられていません。

　これに対して特殊学級に在籍した4名の生徒は、小学校1年生から中学校3年生まで体育授業に参加しています。特殊学級では、障害のある児童・生徒に合わせたカリキュラムで授業が進められています。障害があることを前提にした教育がなされ、常に少人数で授業が行われるために、教師の目が十分に行き届いた教育を受けることができます。指導する教師にも、授業は全員が参加することが当然という考え方があり、誰もが参加できるような配慮が体育授業の中でもなされている結果であると思われます。

3）補助具の使用は体育授業への参加に影響するか？

　肢体不自由のある児童・生徒は移動の手段として、杖や車椅子などの補助具を使用するケースが多く見られます。補助具の使用は、地域の中学校在籍中の体育授業の参加にどのような影響を与えていたのでしょうか。

　中学校の通常の学級に在籍した生徒で、補助具を使用しないで歩行、もしくは走ることができた生徒は6名です。この中の3名は、体育授業に参加していますが、補助具を使用しない生徒でも残りの半分（3名）は体育授業に参加できませんでした。次に、杖や車椅子など補助具を使用していた生徒では、杖（ロフストランド・クラッチ）を使用する生徒3名は、全員が体育授業に参加していますが、車椅子を使用する3名の生徒は、全員が見学、もしくは別行動でした（図1-7）。

　これらのことから、補助具の使用と体育授業との関係ではっきりしていることは、車椅子を使用する児童・生徒は通常の学級において他の児童・生徒と一緒に体育授業に参加できない、と判断されていることです。しかしながら、杖を使用する児童・生徒が種目を選んでも体育授業に参加しているにもかかわらず、補助具を使用しない者の半分が参加できないことに対する明確な答えは得られませんでした。これらの児童・生徒が、単に障害の程度が重度であったとか、体力や体

格の発達の遅れが問題となっていたと判断することはできません。その理由は、補助具を使用しない生徒で小・中学校の9年間授業を見学していた者の中には、50m走を12秒で走る女子生徒（高3）も含まれているからです。この生徒は脳性麻痺の障害で身体の片側に軽度の麻痺がありますが、平均的な体格をしています。同じ学校には、障害がなくても運動の苦手な児童・生徒で同レベルの運動能力の子どもがいたことでしょう。杖を使用している生徒が、体育授業に参加した状況を考えると、補助具を使用しない3名の生徒が、何らかの形で授業に参加できたと思われてしかたありません。

4）運動会参加状況について（中学校在籍時）

通常の学級に在籍した生徒は12名中8名が運動会に参加して、残りの4名は見学しています（**図1-8**）。運動会に参加した生徒には、普段の体育授業は見学や別行動で過ごして、運動会には参加した生徒が3名いました（車椅子を使用する生徒も含みます）。これらケースは、徒競走に出場（距離を短くして参加したもの1名）し、そのほか応援合戦や組み体操等の集団演技では号令係として役割を与えられて参加しています。しかし、その反対に、普段の体育授業には種目を選んで参加した生徒が、運動会は見学というケースも1例ありました。

普段の体育授業に参加できない児童・生徒が運動会に参加できた理由には、運動会が学校行事であるためできるだけ参加させたいという保護者の意向があることや、来賓や保護者などが多数来校することから学校側もできるだけ見学はさせたくないという考えがあるのかもしれません。

また、特殊学級に在籍した生徒4名は体育授業と同様に全員が運動会に参加していました。

5）参加しやすい種目、参加しにくい種目

体育授業で参加しやすかった種目と参加しにくかった種目は**表1-3**のようになりました。参加しやすい種目として複数の生徒からあげられた水泳、陸上競技の走種目とダンスは、個人で行う種目という共通点があります。特に水泳は障害のある児童・生徒がもっとも参加しやすい種目であることが知られていますが、今回のアンケートに対する回答でも同じように、参加しやすい種目として選ばれています。

表1-3　参加しやすい種目と参加しにくい種目

参加しやすい種目	<u>水泳</u>、<u>陸上競技（走種目）</u>、<u>ダンス</u>、マット運動、サッカー、バドミントン、バスケットボール、ソフトボール
参加しにくい種目	陸上競技（幅跳び、高跳び）、剣道、サッカー、テニス、卓球、ソフトボール、鉄棒、跳び箱、バスケットボール、縄跳び

下線は複数生徒が回答

参加しにくい種目の特徴は、幅跳び、高跳び、跳び箱、縄跳びなどに共通した跳躍動作の必要とされる種目です。脳性麻痺は、ほとんどのケースに運動機能障害が下肢にも見られるため、跳躍動作は苦手な運動動作となります。二分脊椎も下肢の運動機能麻痺が特徴であり、筋萎縮症では起立筋等の筋力低下がみられるため、共に跳躍動作は難しくなります。

　球技は、参加しやすい種目と参加しにくい種目の両方に同じ種目があげられています。これは、球技に必要とされる運動動作が投げる、捕る、蹴る、打つなど多岐にわたり、合わせてコートの広さ、ボールの大きさ、用具の使用などそれぞれ種目毎に異なるため、個々の障害の状況や補助具の使用によって参加しやすい種目と参加しにくい種目に個人差が現れやすいからと考えられます。

6）小・中・高等学校の体育授業に期待すること

　今回の調査では、肢体不自由のある児童・生徒に、小・中学校での体育授業に参加する機会が十分に与えられていない現状が明らかにされました。参加できるか否かの基準も障害の程度や補助具の使用の有無、そして児童・生徒の能力に関係なく決められている様子が現れています。いまだに「障害がある児童・生徒＝体育授業不参加」という考え方が残っていることも事実でしょう。

　一方で最近、特殊学校と小・中・高等学校との交流が、盛んに行われるようになってきました。その結果、小・中・高等学校の中で一番変化したことは、障害のある児童・生徒に対する教員の姿勢である、という話をよく聞きます。実はこれが最も大切なことなのかもしれません。

　肢体不自由のある児童・生徒も、ルールや用具を少し変更したり、活動できる時間や場面を設定するなどの配慮があれば、体育授業に参加できる機会が増えるのです。

　アンケートの最後に「体育は好きですか、嫌いですか」という質問をしました。その結果はアンケートに回答した16名中14名が「好き」と答えています（残りの2名は無回答）。この14名の中には体育授業に参加してこなかった生徒がすべて含まれていました。桐が丘養護学校に在籍する児童・生徒は、医療的に運動制限がなければ障害の程度や障害のある部位にかかわらず、すべての児童・生徒が体育授業に参加しています。養護学校と小・中・高等学校では、児童数、生徒数や実態に異なった面が多くあり、一概に同じような指導はできませんが、体育を指導する上で共通する部分もたくさんあるはずです。

　インクルージョンの流れの中で、小・中・高等学校と養護学校が互いに情報交換を密に行い、交流していくことが求められています。高く、強く、速くという基準で進められてきた学校体育そのものを変えていく時期にきているのではないでしょうか。

【松浦　孝明】

2 肢体に不自由のある生徒が受けた体育授業

　筑波大学附属桐が丘養護学校では、高等部に進学した生徒に小・中学校在籍時の体育授業にどのような参加をしてきたかを調べるアンケート調査を行っています（前節参照）。

　地域の小・中学校に通学したA君は、そこでの体育授業の中でいろいろな経験をしたことを話してくれました。ここでは、本人と保護者に対して行ったアンケート調査と聞き取り調査をもとに、肢体不自由のある生徒が学校での体育授業にどのように参加したのか、その一例を報告します。

1. 体育授業の中のA君

　A君は、筑波大学附属桐が丘養護学校高等部1年に在籍しています。東京近郊にある自宅から電車を利用して1時間20分程かけて通学してきます。二人兄弟の兄として生まれ、両親と妹の4人家族です。A君は出生時に脳性麻痺と診断され、その後運動機能に発達障害が見られるようになりました。現在の機能障害は下肢が上肢に比べて重く、補助具を使用しないで歩行は可能（数歩）ですが、日常の移動にはロフストランド・クラッチ（杖）を常用しています。上肢は可動域にやや制限があるものの巧緻性もあり、ほとんど障害はみられません。食事、移動、トイレ、更衣などの日常生活では、介助の必要はまったくありません。学力レベルも高く、高校生活では生徒会や委員会活動にも積極的に参加しています。

　これまでの学校歴は、幼稚園に入園する際に教育委員会との就学相談があり、地域の幼稚園に入園しました。幼稚園在園中は、他の子ども達とも変わりなく過ごし、小学校は地域の小学校（通常の学級）に入学しました。中学校も地域の市立中学校に通いましたが、中学2年生の時に身体の成長からくる下肢の筋の緊張や痛みが強くなり、機能改善の手術と機能訓練の目的で、3学期の間は病院に入院しました。その間、桐が丘養護学校入院部中学部（病院に入院中の児童・生徒の教育を行う病院併設の学級）に在籍しました。

　高校進学の際には自宅からすぐ近くの全日制普通科高校（私立）と桐が丘養護学校高等部を受験し、両校に合格しました。将来は教師になることを目標にしているA君は、大学進学を希望しており、進路決定に際しては悩んだということで

す。すなわち、高校の中で多くの友達と共に過ごすことがよいのか、養護学校で少人数という利点を生かし個々に合わせたカリキュラムの中で過ごすことがよいかという点です。最終的に進学先を決定するにあたっては、自分自身の高校生活を勉強とスポーツ両面で充実させたいという思いが、養護学校進学を決心させました。この決定には、地域の小学校と中学校での体育授業と桐が丘養護学校入院部での体育授業の経験が大きく影響したと言います。

1）小学校での体育授業

Ａ君が小学校に入学する際は、幼稚園在園中に入学予定先小学校の教師が授業参観を行い、彼の様子を把握していたので、何の不安もなく地域の小学校に通い始めました。補助具は、ロフストランド・クラッチを使用。3、4年生のときには、足首の関節を安定させるために支柱付きの補装靴を履いて学校生活を過ごしています。

この小学校在籍時は、体育授業のすべてに参加しています。小学校での体育授業は、担任教師が担当しました。球技などロフストランド・クラッチを使用するＡ君が難しそうな種目は、役割（ポジションなど）を明確にしたり、チームの作戦を立てるコーチを担当させるなど参加しやすいように配慮してくれました。例えば、ドッジボールは膝立ちで行ったり、跳び箱は、運動が苦手な児童と一緒に助走なしで跳べるように他の児童より低くして取り組んだようです。

体育的行事も、運動会やマラソン大会にすべて参加しています。運動会の徒競走は他の児童と同じ距離を走ることができました。集団種目も一緒に参加し、本人は「徒競走はいつもビリだったけど、みんなと一緒に参加できて楽しかった」と、言っています。しかし、6年生の時には集団種目が組み体操と騎馬戦だったために、どちらの種目も落下した場合危ないとの判断から、演技や競技に参加することができませんでした。しかし、組み体操はＡ君のために演技を物語風に構成し直して実施され、彼はそのナレーターを務めることで組み体操の一員として参加できました。したがって、小学校を通じて参加できなかった種目は、唯一運動会の騎馬戦だけでした。マラソン大会は、1年生から6年生までみんなと一緒に参加し、6年生のときだけは他の児童よりも距離を短くしてもらい走りました。

このように小学校在籍時は多少の配慮をしてもらいながらも、他の児童と一緒に楽しみながら体育授業に参加することができました。したがって、小学校在籍時のＡ君の体育授業に対する考え方も肯定的で、「障害がなくても自分より運動が苦手な友達もいたので、苦手意識はなく楽しんで参加していた」と言っていました。

小学校では、体育授業は担任教師が教えていました。Ａ君の様子をクラスでの日常生活全般を通じて十分に把握することができたことで、どのような配慮をすれば授業に参加できるかが判断しやすく、そのことが体育授業や体育的行事のす

表1-4 教師の配慮により工夫して参加した運動種目

ドッジボール	…杖を使わず膝立ちの姿勢で参加
サッカー	…試合ではゴールキーパー シュート以外の練習は他の児童と一緒に行う
バスケットボール	…試合はディフェンス中心に参加 コーチ役として作戦を立てる
跳び箱	…助走なし、低い段を使用
運動会	…参加
マラソン大会	…参加（6年生時距離を短縮）

べてに参加できた要因の一つだったと考えられます。また、低学年のときは、一人ひとりの運動能力の差も小さいことから、他の児童とほとんど同じように参加しています。しかし、高学年になるにしたがって身体の発達や基礎体力の個人差が大きくなり、体育授業でもすこしずつスピードや種目ごとの特別な技能が要求されるようになります。球技などの種目では、教員による配慮が徐々に増えていますが、A君は楽しみながら体育授業に参加してきました（**表1-4**）。

2）中学校当時の体育授業

（1）中学1～2年生時

　A君は、小学校卒業後、地域の中学校に進学しますが、それまでとは正反対の対応を受けました。体育授業にまったく参加させてもらえません。中学校には、小学校からの引き継ぎは何もなかったということです。また、A君の入学した中学校にはもう1人筋疾患（筋萎縮症）の障害のある同級生がいたそうですが、彼も同様に体育授業には参加できませんでした。

　中学1年生の時、学級担任は数学の担当教師でした。体育の授業に関しては、学校と担任の意向からほとんどすべてを見学せざるをえなくなりました。体育担当教師もA君が体育授業に参加できるような特別な配慮をすることがなかったと言います。中学校での授業は小学校と異なり、教科専科制になり、生徒の様子を見る機会は担当する授業場面に限られます。そのために、配慮が必要な生徒については学級担任と教科担当教師とが情報交換を密に行わなければならず、小学校の時のようにA君の様子を授業担当者は掴みきれなかったことが予想されます。

　体育授業に参加できたのはスポーツテストと、球技種目でチームに入ることだけだったそうです。実際には、球技も見学のみで過ごしました。水泳の授業が始まる前には、保護者向けに水泳に関するアンケート調査がありました。A君は5歳からスイミングスクールに通っていた経験があり、泳ぐことに不安もなく最初の授業にのぞみます。しかし、水泳の最初の授業で水着に着替えたA君にむかって、体育教師は見学するように伝えました。その時点までに何の説明もなかったと言います。ここでも、学校側がA君本人や保護者と十分に話し合う機会を持たずに、安全管理の名目で当然のように参加不可を決定したことに問題があります。

しかし、水泳の授業に参加したいというＡ君と保護者の要望に学校側も対応し、水泳の最後の授業に一度だけ参加することを認めます。ただし学校が依頼した介助者と一緒に入ることを条件としました。その介助者は、スイミングスクールに勤務していました。介助者とＡ君、保護者、学校関係者で打ち合わせが行われ、その時のことで保護者の印象に残っていることは、介助者の「彼の泳ぎをみてから介助の必要性について決めましょう」という言葉だったそうです。介助者が、Ａ君の障害ではなく能力に視点を当ててみようとしていたことがうかがえます。学校に対しては、Ａ君を一目見た際に介助の必要のないことを伝えたそうです。Ａ君の参加したこの水泳の授業は、学校長や教育委員会関係者がプールサイドで見学しました。Ａ君は、水中では浮力の助けがあるため１人で立つことや歩くこともできれば、小学校在籍中の授業では、クロールと平泳ぎで25m泳ぐこともできました。しかし、水の事故は重大な事故につながる可能性も高いため、学校側が参加に対して躊躇したことが想像できます。一般に、肢体に障害のある人に水泳を指導する場合（81頁参照）、水中で自由に姿勢を変えられること、呼吸法を修得していること、そして立つことができれば自分自身で安全確保ができると判断できます。Ａ君は水泳の嫌いな他の生徒より水泳能力も高く、安全だったはずです。その後Ａ君は、介助者の薦めで中学１年の後半から中学３年の高校受験の前まで、スイミングスクールに通っています。

　２年生に進級し、学級担任は理科の担当教師で、体育授業に関しては何も言うことはなかったそうです。体育担当は前年度と同じ教師で、参加できた授業は１年生とほぼ同様にスポーツテストの実施可能な種目と、陸上競技の砲丸投げを膝立ちで参加した程度だったそうです。けれども、１年生の時と違い、水泳の授業は他の生徒と一緒にすべて参加できました。１年生の時に一度だけ参加した授業で一緒にプールに入った介助者が、Ａ君の能力であれば水泳の授業に参加可能であることを助言してくれたことで、学校長が参加を認めています。

　中学校入学時からの経緯をみると、地域の学校が障害のある児童・生徒に対する情報（障害に関する情報や指導法に関する情報）が不足していること、そしてＡ君と接することで障害の有無でなく能力を判断する必要性を知り、少しずつ対応を変えていった様子がうかがえます。

(2) 桐が丘養護学校在籍時

　その後、Ａ君は２年生の12月から３月まで下肢の手術と術後の機能訓練のために心身障害児総合医療療育センターに入院しています。この間は桐が丘養護学校入院部に在籍しましたが、ここで体育に対する考え方が変わります。Ａ君のように手術を受けた生徒は、両下肢を突っ張った状態でギプスで固定したまま車椅子に乗り、手術後一週間ほどで病院に併設された校舎に通い始めます。登校してきた児童・生徒は、手術後であってもできることから授業に参加します。Ａ君の場合は、両上肢は自由に動かせるので、車椅子を操作できました。最初の体育の

授業では、5分間走に参加しました。その後は、体力の回復に合わせて他の生徒との接触に注意しながら、風船バレーボールやボッチャ、スポーツチャンバラなど車椅子に乗ったまま参加できる種目にも参加していきました。入院中にギプスをしていても体育に参加できたことで、体育の楽しさを思い出したと言います。

養護学校の体育授業では、すべての児童・生徒が参加できるように種目の特徴と個々の能力に合わせて用具やルールを配慮します。小・中・高等学校では、既存のスポーツのルールに従ってその枠の中で授業が進められるために、障害のある児童・生徒の参加が難しくなるのではないでしょうか。養護学校の体育がよくて、小・中・高等学校の体育が悪いと判断することはできません。ただスポーツのルールは、その競技がおもしろくなるように改良を重ねながら作られてきたものであり、参加する対象に合わせて変更を加えることは、まったく問題のないことです。このように考えればルールや用具を児童・生徒に合わせることは障害のある児童・生徒のためだけでなく、運動を苦手と考えている児童・生徒の意欲を高めることにもつながるはずです。

(3) 中学3年生時

3年生になり地域の中学校に戻りますが、まだ筋力が回復していないため体育授業は車椅子を利用して参加しました。しかし、入院中に在籍した養護学校での体育授業がA君の体育に対する姿勢に変化を与えています。自分でもできることには参加したいという気持ち、自分自身は参加する意欲があることをはっきりと教師に主張したと言います。また、3年生になり、障害のある生徒への理解がある体育担当教師が学級担任になったことで、授業も見学だけではなく、できることを見つけて参加する方向へと変わっていきました。担任教師は、A君が2年生の時に女子の体育を担当しており、A君の参加（見学）する男子の授業を見て、参加する方法が何かあるのではないかと考えていたそうです。参加できる種目も増えて、2年生まで参加していたスポーツテスト、陸上競技の砲丸投げ（車椅子に乗った状態で実施）、水泳に加えて、球技の授業にも参加できるようになりました。バスケットボールはシュートやパス練習への参加、ソフトボールではノックを打つなど練習への参加ができるようになりました（ともに試合は不参加）。また、陸上部の顧問教師から練習への参加を誘われるなど、A君の存在が学校側

表1-5 中学3年時に参加した運動種目

スポーツテスト	…50m走、ハンドボール投げ、車椅子で参加
砲丸投げ	…車椅子もしくは、膝立ちで行う
水泳	…他の生徒と一緒に参加
バスケットボール	…車椅子に乗りシュートやパス練習 試合は不参加
ソフトボール	…キャッチボールや他の生徒へのノック 試合は不参加
運動会	…不参加（教室待機）

の姿勢や対応を明らかに変えています（**表1-5**）。

しかし、運動会は3年間参加できませんでした。見学か欠席か否かは、本人の自由意志に任されたため、欠席扱いになることが嫌で、筋疾患の障害のある同級生と一緒に保健室で待機（時間をつぶしていた）したそうです。また、筋疾患のあるその同級生は、補助具を使用しないで歩行可能でしたが、全身の筋力が弱く3年間の体育授業と運動会をすべて見学で過ごしています。

A君は中学生の時の体育全般を振り返って、こう言いました。

> 「やれることはもっといっぱいあったはず。でも危ないからという理由だけで参加できなかった1、2年生の時は、事故があった場合の責任をとりたくないという雰囲気が学校側から伝わってきた。見学を続けている間に、体育で身体を動かすという楽しさ自体忘れてしまった気がする。手術のために養護学校に在籍して、小学校の時以来忘れていた体育授業の楽しさを思い出した。」

2．肢体不自由のある子どもの体育授業

肢体不自由のある子どもは、幼児期からの遊びの経験が少なく、その遊びも限定される傾向があります。遊びの場は屋内が主であり、少人数で比較的スタティックな遊びが多くなりがちです。機能障害が遊びを通じた身体運動を制限し、結果として身体や運動面、精神面での発達の遅れを招く一つの要因となっています。したがって、障害がある子どもにとって、小学校入学後の体育授業の果たす役割は非常に大きいと言えるでしょう。

子どもは一人ひとりがまったく異なった能力を持ちます。肢体不自由のある児童・生徒の体育授業では、障害にとらわれず、個々の機能障害を把握し、どのような運動（動き）が得意で、どのような運動が苦手かを見分けることが必要です。このように、肢体不自由のある児童・生徒の能力を把握することで、指導環境の整備、用具やルールの変更により体育授業にどの程度参加できるか、指導計画を考える必要があります。これは、個別指導計画を立案することに他なりません。このような作業を行った上で、体育授業に参加できる場面と参加できない場面が出現しても当然のことと思われます。

現在A君は、全国障害者スポーツ大会に出場することを目標にして、高等部の体育の授業に加えてスイミングクラブに通い、日常生活の中で継続的にスポーツに取り組んでいます。

【松浦　孝明】

文　献

1）松原　豊，他：筑波大学附属桐が丘養護学校研究紀要．**28**：39-44，1992．

3 障害があるB君を受け入れることができた学生達

筑波大学では、正課体育の目標を、

- 生涯に渡ってスポーツの楽しさを享受する能力を高め、自己のライフステージや心身の状態に適したスポーツを生活に取り入れ、豊かなライフスタイルを形成できる能力を身につける。
- 自己の健康・体力に関する認識を深め、健康・体力づくりのための運動方法を理解し、生涯に渡って自主的に健康・体力づくりを実践する能力や態度を高める。

ことに置いて授業を展開しています。以下に述べるものは、特に障害のある学生のために設けた科目ではなく、障害のある学生が一般のアーチェリー集中コースを選択した授業のまとめです。

1．B君のプロフィールと授業の内容

アーチェリー集中授業は、3日間という短期集中型の授業です。履修希望の多くの学生の中から、射場のスペースの関係で、抽選で男女各10名と限定されます。ほとんどの学生は互いに面識がないので、授業の開始時に、なるべく打ち解けられるような雰囲気づくりを考えます。その年は、授業の流れを特別に組みました。それは、小学校2年（8歳）の時に列車事故のため、両大腿部下端より切断し、両足義足を使用しているB君が履修をしていたからです。B君のプロフィールを、もう少し詳しく記します。B君は事故後1年より骨格型義足を使用し、現在のインテリジェント型の義足は、約1年半前から使用しています。インテリジェント型の義足は、手元にあるコンピュータにあらかじめおおまかな歩行速度をインプットし、その命令を膝の部分にあるコンピュータとセンサーが感知し、歩く度に1歩前の足の運びのスピードを感知したセンサーが、速度に併せて足の振りがスムーズになるように補正をする仕組みになっている、優れた構造を持った義足です。彼の学内の移動は、キャンパスが広いため、すべての操作を手で行うマイカーの使用が多く、それ以外は、1本の杖を使用します。義足と大腿断端部との接合部分が擦れると、擦過傷となるので、夏の時期は汗が大敵です。また、長時間使用していると断端に負担がかかるので、1時間以上起立し続けることは

避けなくてはなりません。

彼の義足使用時の問題点として（本人の説明）

- 汗をかくと義足と断端の接合部分がこすれ、傷がつきやすく、一度傷ができると完全に治るまで義足を使用することができない。また、擦過傷は毎回ほぼ同じところにできるので、一度できるとその部分の皮膚の手入れが特に重要になる。
- 義足は軽く（重量両足で6kg程度）重心が取りづらく、バランスが不安定であるため、杖を使用しなければならない。
- 非常に精巧にできているので、身体にぴったりフィットするが、それゆえ体型が変わるとフィッティングがずれて身体にあわなくなる。
- 長時間の起立姿勢は、義足と断端の接合部分に負担がかかり、長時間立っていられない。
- 制作に時間がかかる。
- 靴の選択肢が狭い。
- 腰幅が広がって見えるので、スタイルが悪く見える。
- 高価である。

といったことがあります。また、義足を補装する時に、断端の保護や円滑な装着のために、接合部に布または包帯を巻きますが、前述のように汗をかくと擦過傷となったり、布の部分が濡れ、義足が外れなくなってしまうといったこともあります。

　B君は現在工学系の勉強をしており、将来はシステムエンジニアを目指しています。彼が卒業に必要な体育の単位は4単位で、1年、2年次は障害のある学生のために設けられた科目「トリム運動」を履修し、現在は障害のない学生と共に通年授業の体操トレーニングを履修しています。筑波大学には、前述のようにトリム運動という障害・疾病のある学生のために開設されている科目もありますが、私達教員の基本的な考えは、卒業する学生に、将来社会の中でスポーツを享受する生活を送らせたいと考えると、障害があってもできる限り障害のない学生と共に履修することがよいと思っています。そのことは障害のない学生にとって、障害や障害のある人を理解し、将来共に社会の中で生活する時によい備えになると考えています。またB君自身も、「社会に受け止めてもらう以上、なるべく甘えないで行動すべき（本人のレポートより）」という考えを持っていて、3年生の体育は、用意された科目の中で履修可能と思われた「体操トレーニング」と「アーチェリー」の履修となったわけです。

　授業の大まかな流れを**表1-6**に示しました。授業の記録を用いて少し詳しく経過を述べてみたいと思います。

表1-6　アーチェリー授業内容

1日目	オリエンテーション、昨年の集中授業VTR、講義、アーチェリー用具と操作、障害・障害者そしてスポーツ、近距離（3m・5m）での体験、的練習（10m）、チーム対抗風船割、第1回記録
2日目	VTRフォーム撮影、的練習（10m）、チーム対抗風船割、的練習（15m）、VTRフォームチェック、第3回記録会、チーム対抗トーナメント
3日目	的練習（女子15m・男子20m）、個別指導、第1回能力テスト、風船割り、第2回目テスト、個人戦トーナメント、まとめ

1）授業の経過

(1) 第1日目

　　　全員が初めての体験なので、はじめに昨年度の集中授業の収録VTRとアーチェリーの操作について編集したテープとを見せ、授業の概要をイメージさせました。今年は両足に義足使用のB君が履修しているので、障害についての学習と、アーチェリーというスポーツが、障害があっても共に活動できるスポーツであることを特に説明。その後、実際に射場に行って、一人ひとりに弓を渡し、操作について復習をした後、3m程度離れたところから矢を射る体験。3m程度しか離れていなくても的の畳を外す者もいたため、1人10射ずつ練習させてから、ポイントの復習。アーチェリーは弓を押す手、弦を引く距離、弦を引く方向を一定にさせることがポイントであることを説明し、そのために弓を持つ手の肘を延ばし弦を鼻の先端と唇に触れるまで引くこと、弓を持つ手と引き手の肘が直線になることを確認。B君は当初椅子に座って射ることを考えていましたが、杖なしで立つことはそれほど苦痛でもないとのことで立射で通す。近射では畳に当たっていた者も、午後になり5m、10mと的が離れると、当たらなくなる者が続出。その中でB君の記録は、第1回目の記録会では全体の中でも1位と最も良い成績。同じ活動を続けると飽きるので、的に風船を用いてグループでの風船割の対抗戦を行いました。互いにポイントの矯正をしあって、早く風船を割ろうとしており、意欲の喚起には良い教材でした。

　　　アーチェリーは、基本的には個人がより高い得点を挙げることを競うスポーツですが、前述のように全員が初心者であること、障害のあるB君が受講していること、下手でも楽しんで授業に参加できること、3日間という短期間での授業であること等を考え、4人1組のグループを作り、グループ学習としました。人数が少ないグループ単位の活動であれば、仲間意識が生まれ、互いに教えあうなど交流が取りやすく、B君へのかかわりも生まれやすいと考えたからです。また、うまい下手がそのまま得点となって現れてしまうので、競技も個人戦という形式をできるだけ取らずに、試合ごとにグループメンバーが各自目標点を決め、その総計を申告させて、その申告点に最も近い得点をあげたグループが勝利をするという方式を取りました。個人戦も2度行いましたが、全員の記録を集計して基本

となるハンディキャップを決めたうえで、試合を行いました。ハンディキャップは原案を教員が提示し、全員の話し合いで修正をし、決定しました。

(2) 第2日目

各人のフォームのVTRの撮影を行い、午後にそれを見てフォームの確認。自分の抱いているイメージと現実との差をVTRで目のあたりにし、チェックすべき点の自覚ができて、効果があったようです。B君の活動は矢を抜きに行くとか、後片付けの一部を除いてほとんど皆と同様な活動をしており、また、技術的にもうまい方に属していたので、違和感がなく皆に溶け込んでいました。グループ学習もうまく役割を果たしていたようです。

(3) 第3日目

一昨日、昨日と同様な活動。個別の指導の時間を設けて、矯正を望む学生に対して、個別指導。そのうえで、1対1のゲーム。皆が納得のいくハンディキャップを決めての争いであるので、結構熱くなってがんばる。最後に全員の記録を取りました。

2．障害の受けとめ方

1）学生達のレポートから

授業を展開する上で、今まで、障害あるいは障害のある人とほとんど接したことのない学生が、両足に義足を装用している重度の障害のある学生と、どのように学び合えるかという点に最も配慮をしました。すぐに打ち解けることができるように、通常は20人の集団を1グループで指導するところを、4人1グループの5つの班に分けて授業を実施しました。学生のレポートを読むと、このグループ活動はうまく機能したと思います。ただ、班別の活動は、班内の交わりは濃くなりますが、他の班との交流が薄くなるという点も否めません。今回の授業でもそのような点が見受けられ、もう少し何か手だてを講じればよかったと思いました。

障害と障害の受けとめ方をレポートの抜粋からみてみます。

(1) C君のレポートより

> 「その中で一人気になる人物がいた。両足が義足の彼である。杖を片手に参加している姿に驚くと共に、正直いって困惑してしまった。ぼくだって20年は生きてきたのだから（言葉は悪いだろうが）そういう人がいることは知っている。しかし、同じ年ごろの人で、こんなに身近に接した事は初めてなのである。中途半端な知識しかないのだ。だからこんなことを考えた。彼と話した時に、足について触れたほうがよいのか。触れたらあからさまに嫌な顔をされることはないだろうか。触れなかったらどう思うのか、明らかにぼくの経験不足によるものだが、結局どっちつかずの態度を取ってしまった。」

B君は、ガイダンスの時は長ズボンを身につけていたので、足を少し引きずる

ぎこちない歩き方で、「あの人は足が悪いのかな」程度の印象しか与えなかったのだと思います。しかし、授業の当日は、ウレタンのカバーをつけない、骨格型の義足であったので、周囲はびっくりしたのだと思います。ほとんどの学生の思いをC君の文は表しているといって間違いないでしょう。そのような状況でスタートしましたが、共に過ごす時間が長くなるにつれて、周囲の思いが変わっていったことをレポートは示しています。

(2) D君のレポートより

> 「この授業で障害について考える機会を持つ事ができたことは、本当によかった。彼の使っている義足が、コンピュータ制御で動いていること、その場で長時間立っていることが辛いことなど、あまりの自分自身の障害者に対する無知を思い知った気がした。障害を持つ人々を理解するためには障害者のことを知ることがまず必要なことであると感じた。現在の社会体制は、まだまだ障害者を万全に受け入れられるものというにはほど遠いというのは周知の事実である。また、障害者に対する偏見も多々あるであろう。先生の示した統計数字によると、非障害者が障害者になる数が圧倒的に多い。それゆえ先生の言う通り、障害者という言葉が自分の明日の姿になる可能性はないとは言えない。これらのことを考えるときに、障害を他人ごとと受け止めていないで自分の問題として多少なりとも考えるきっかけができたことがこの授業を履修した収穫といえる。」

(3) Eさんのレポートより

> 「今回の授業を通して、もう一つ良かったと思ったことは、ハンデキャップについて考える機会となったことです。障害というものについては無関心ではないのですが、普段そのような事に接していないと、つい忘れてしまいがちだし、身近にハンデキャップを持つ人がいないと、そのような感情や日常生活も、想像するだけでは良く理解できません。
>
> 最初、アーチェリー場でB君を初めて見た時、少し驚きました。義足の人(それも義足がむき出しになっている人)を見るのは初めてのことでしたし、そういう人が体育の授業をとっているとは想像もしていなかったからです。しかし驚いたのはほんの一瞬だけで、本人も先生も周りの人々も普通に接しているのだから、普通のことなんだろうなと思いました。授業が進んでいくなかで、彼は私の班の中心になっていたうえに、アーチェリーもとてもうまく、集中授業が終わってみたら、私の心の中で彼を障害を持っている人として特別視している感情はまったくありませんでした。障害を知ることが理解の一歩だと痛感しました。」

(4) Fさんのレポートより

> 「アーチェリーは、1学期に他の授業で少し触ったことがあるため、すんなりと入って行けたと思う。同じ班の友人にいろいろアドバイスを受け助かった。先

> 生には、構えから矢を射た後の腕の位置まで指導していただいて、3日間ではあったが自分でも驚くほど上達した。体育は全般的にあまり好きなほうではないが、アーチェリーは楽しくできた。どんな運動種目でも、本来はこのように楽しんでやるものなんだろうと思った。ゲームも何度かあったが『他人と競う』というものでなく、『自分と競いながら皆で楽しむ』という感覚であったように思えた。その根底には先生がおっしゃっていた『皆にチャンスを与える意味でも、強い人が勝つという形態を取りたくない』という考えがにじみ出ていたように思われる。今回は班のメンバーに障害を持つ人が一緒だったこともあり、先生の言葉はいろいろ考えるきっかけとなった。先生のこの言葉は、ゲームに先立って語られた言葉だったが、ゲームにとどまらない大きくて深い意味を持つ言葉だった。前にも書いたが、私自身も運動が苦手で、試合などでは負けることを前提としていることが多かった。なぜならそれはまさしく『強い人が勝つ』ようなルールだったからだ。だからたまたまアーチェリーとは相性が悪くはなかったが、先生の提案なさったルールに、私は嬉しさを感じた。勝ち負けだけが重要ではないとは思うが、スタートラインが同じということは、やる気が出るのは当然である。そして何よりも楽しめる。」

このように、皆B君を受け入れ、B君を特別視することなく単に「アーチェリーのうまい友人」という受け止め方をして授業を終わったといえます。当のB君は次のようなレポートを書いています。

2) B君のレポートより

> 「私は8歳のときに両足を失っているのですでに義足での生活が長い。十年以上障害者として暮らしてきた中で、町中で『手伝いましょうか?』といわれたことはほとんどない。今年の春までは義足の上にウレタンフォームの外皮をかぶせていたので、つきあい始めて2週間も外見上は骨折か捻挫かにしか見えなかったという友人もいた。もしかしたら町中の人も義足には見えてなかったかもしれない。そのような私だから、私が町の中で車椅子の人を見かけても押してあげていいものかどうか迷ってしまう。老人にシルバーシートを譲ろうとし『まだそんな年ではない!』としかられるような怖さもある。私自身、肩を貸してもらったり荷物を持ってもらったりしても、自分のペースで進めなくなるので、かえってストレスを感じることもある。障害者と健常者の間には壁がある。その現状は受け入れるしかない。障害者は障害を隠したがるし、健常者は障害者の障害を理解できない。ただ健常者が障害を理解しようとする過程の中で、障害者が必要としていることが見えてくるはずであるから、そのためにも障害者は自分の障害について理解を深めること、そして健常者は世の中にどんな障害があるのかを知ることが求められていると思う。障害を持つことは悪いことや悲しいことばかりではない。私はできる限りプラス思考でいきたい。アーチェリーの授業を受けて私自身

> 一番変化したことは、日焼けしたことである。これは大事なことで、3日間日中外に出ていたことは大学に入ってはじめてである。いや、中学の修学旅行以来である。疲れはしたが太陽のもとで体を動かして非常に爽快だった。班員にも恵まれて、2回ゲームで一位をとったり、技術的にも多少向上でき、友人も増え、締めくくりに一回戦で負けてしまっても、とても楽しく3日間を過ごせたことを嬉しく思う。」

そして学生の許可を得て、彼らのレポートをB君に読んでもらった感想が、次の文です。

> 「やはり、身障者との接点が少ないので知識が乏しいと感じました。コンピュータ制御の義足の開発は、10年ほど昔から始まっているし、上半身で運転できる車はもっと昔からあったのに、まるで最新の技術にふれたかのように驚いている人が多かったことに逆に驚きました。日本の場合身体の障害を恥じて隠す傾向があるように思います。しかし僕はレポートでも書きましたように、障害はもはや"個性"であると思います。社会に広く受け止めてもらいたい以上、障害者自身も甘えを捨てて取り組むべきです。当然障害者には、障害のより軽度な人(一般で言う健常者)の手伝いが必要な場面もでてきます。そのような時、例えば背の高い人が背の低い人では届かない荷物を取るような手助けをすると思えば、気軽に障害のある人に接することができると思います。身障者=弱者、健常者=強者という偏見をなくすことが先決です。そのためにも身障者と接することが有効ではないでしょうか。」

障害のあるB君も、障害のない学生も、皆、大切なことは「障害を知ること」と述べています。知ることが理解をすることの第一歩で、場を共有することで理解が広がっていきます。しかし、現実には、障害が重ければ重いほど、共に学ぶ機会は減り、障害のある児童・生徒のための学校に進学していくシステムになっています。ですから、障害を知る機会が少なく、C君のように、障害について触れてよいのか、触れないほうが失礼なのかといった迷いを持ってしまいます。少子化が進行している現在、交流という形にしろ、より積極的な統合と言う形にしろ、もっと共に学ぶ場が学校の中で制度的にあってもよいのではないかと思います。特に体育授業では、障害のある人や低体力の人を包含した活動を学齢の低い時から心がけていれば、それらの人達とスポーツをすることに対する受け取り方もかなりちがうと思います。そのことが、長じて地域やその他の場所やスポーツ場面での「共に生きる」を理解し合える土壌を育むと私は思っています。

今回の授業で心がけたことの一つに、「共に楽しむ」点の追及でした。通常、競技は高く跳べるもの、速く走れるもの、強いものが勝つシステムになっています。このようなシステムでは、勝負をする前から結果が分かってしまうことが往々にしてあります。ですから、努力の結果を評価する方法として、自分の立てた目標点に近い者が勝ちというルールで競技をしました。この方法だと、誰もが

勝利者になる可能性があります。また、ハンディキャップ制度を設けて、競技をしました。この方法も低体力者、低い技能の人には納得できるシステムでした。これらの方法は、今後、スポーツを楽しむという活動の時に、重要な視点であると思います。クラスの皆の参加度をあげる方法ではないかと思います。

　今回、B君のアーチェリーがうんと下手だったら、このように展開したかは分かりません。あるいはうまくいかなかったかもしれません。スポーツをする時に、周囲にとても下手な人がいた場合、あまり楽しめないと言う点について、フロー論[1]を待つまでもなく、日頃の活動の中で実感します。ですから、障害があってもなくても、あまりスポーツに慣れていない場合は、事前に多少の慣れの機会を持つことは、集団参加をスムーズにすると言えます。

　南[2]や兵頭[3]の報告では、統合型授業は、友人とのコミュニケーションの不足になりがちな点を実施上の問題点として挙げていますが、B君が履修している体操トレーニング授業で参考のためにとったアンケート、コミュニケーションに関する回答でも、やはり低い値（コミュニケーションがとれていると回答している者は全回答者の10.3％）を示していました。これは、体操トレーニングという、個人が運動処方に従って運動するという種目の特性もあると思います。アーチェリーでは、少なくとも班内ではその点で問題がなかったのは、小人数のグループ学習であったこと、ゲームもグループ対抗戦が主であったことなど、グループ内でのコミュニケーションが自然に必要となる活動が多かったことによると思われました。しかしグループ外とのコミュニケーション問題は、あるいは残ったかもしれません。

　小学校の時から、競う相手は自分、スタートラインをできる限り一緒にという考えを基にした授業を展開すれば、多くの障害児や不器用といわれる児童・生徒を体育の授業のなかにスムーズに取り込んでいけると思います。「めあて」を本当に児童・生徒の側に立って考えることができれば、体育の嫌いな児童・生徒の出現が減るような思いを抱かせてくれた授業でした。　　　　【後藤　邦夫】

文　献
1）チクセントミハイ：フロー体験―喜びの現象学―．世界思想社，p92-97，1996．
2）南　隆尚：重度身体障害を持った学生に対する水泳を中心とした正課体育指導実践例．大学体育研究　筑波大学体育センター紀要，**16**：21-33，1994．
3）兵頭圭介，他：身体障害を持つ学生のための体育実技の一方法について―視覚障害者（盲人）の事例について―．東京大学教養学部体育学紀要，**23**：61-67，1989．

4 小学校からやってきた聴覚障害児達との体育授業

1．小学校からやってきた生徒の体育のとらえ方

　1999年4月筑波大学附属聾学校中学部は、14名の新入生を迎えることになりました。14名のうち、聾学校を卒業して進学してきた生徒は12名。2名は、小学校から進学してきた仲間です。聾学校へ進学してくる生徒の事情はさまざまですが、新入生を迎えるにあたり、私がいつも思うのは、「体育の授業やスポーツ活動、部活動、どのような形でも身体を動かすことの好きな子になって欲しい」ということでした。

　私が聾学校に勤めた日々には、今の自分を作り上げた生徒達の声があります。次の言葉は、その中でも私が新人教師として耳の痛かった生徒の言葉です。

　生徒：「先生、体育の授業つまらない。」
　私　：「そうかい。どんなところがつまらないのかなぁ？」
　生徒：「たくさん動くと疲れるし、失敗するとみんなに怒られるし嫌いだよ。」

　この会話は、私が教員となって最初の年に、専攻科（職業訓練的な学習を行う高等学校卒業以降の生徒が集まる科で、特殊学校には多く存在する）の生徒と交わした会話の一部です。

　恥ずかしながら、特殊教育の知識と理解を学び得たつもりで現場に立っただけに、この一言は、私にとってとても重たいものでした。「体育の授業をみんなで

授業の説明を聞く生徒達

授業の準備を進める生徒

　楽しく過ごしていきたいなぁ」、そう思って創った授業が、生徒を苦しめていたことに気づかなかった自分の鈍感さと配慮のなさに、情けない思いでした。
　現在、聾学校に限らず、障害のある児童・生徒が就学時に特殊学校という選択肢を選ばなくなっています。平成16年度版障害者白書によれば、小・中学校の特殊学級に通う児童・生徒数が85,933人に比べ、特殊学校に在学する小・中学生は51,955人で下回っています。聾学校も年々、児童・生徒の数が減ってきており、昭和61年度の9,088人から平成15年度に6,705人と2千人以上の減少です。ですが、こういった就学時に聾学校を選ばない子どもがいる一方で、一度、小学校を体験し、その後、聾学校へ進路を選択する生徒が見られるといった話を、聾学校勤務中に先輩の先生方から多く聞くことができました。私自身も入学試験を行っていく中で、志望する児童達の履歴を見てみると、小学校から聾学校という進路を選択している児童が多くいて、驚かされました。
　こういった現状の中で、小学校を経て聾学校へやってきた生徒達は、体育の授業をどのように受けとめているのでしょうか。また、そういった生徒達の体育・スポーツを受けとめていく力には、どのような実態があるのでしょうか。日々の授業の中で、小学校から進学してきた生徒の特徴を記してみます。

1）僕もやるの？―「お客様」からの脱却―

　陸上の短距離走を、学習していたときのことです。50mの途中、10mおきにストップウオッチを持って立ち、途中やゴールのタイムを計るという授業をしたとき、短距離走が苦手で動かない生徒が1人いました。彼は小学校から進学してきた生徒でした。
　私　：「さぁ、次は君の番だよ。」
　生徒：「えっー、僕も走るの？」
　私　：「そうだよ、みんな走ったよ。みんな君のために準備して待っているよ。」
　生徒：「……」
　押し問答を繰り返しながら、その生徒は渋々スタートラインに立ち、50mを

走りました。

　一人ひとりの障害の程度を考慮して全員が参加する聾学校の体育の授業では、特別な場合を除いて、障害があるという理由から集団の活動から孤立したり、「お客様（見学のみ）」でいることはありません。

　活動に参加しているという状況で、その生徒の「やらない」という言葉の中に、「本当はやってみたいけれど」という気持ちが隠れていることもあります。「どうしてやらないの」、「体調は？」と私が一つ一つ問いかける中で、生徒達が、「お客様」状態から脱却することへの不安と期待の気持ちが見えかくれしているのです。

2）思いっきりやってるんだけどなぁ。―まずやってみることへの挑戦―

　バレーボールの授業をしていたときのことです。ある生徒は、サーブがなかなか入らず、チームの仲間からも「サーブ入れよう」「下から打てば入るよ」と声がかけられました。ドカッ！　上から思い切りふり下げられた手に当たったボールは、すごい勢いでネットの下をくぐっていきました。飛び交う叱責をなだめて授業を終了し、タイミングを見計らって声をかけてみました。

　　私　：「すごい腕力だね。入れば誰も取れないかも知れないね。」
　　生徒：「思いっきりやってるんだ。前は入ったんだけどなぁ。おかしいなぁ」
　　私　：「練習では入るのかな？」
　　生徒：「それがなかなか入らないんだ。」

　自分の持っている力を表現したい、そして認められたい。生徒の中に誰しもある欲求をまだまだ満たしきれていないのだろうと思います。もし、その力を表現する場をはじめから与えられないとしたらどうでしょう。

　失敗や成功にかかわりなく、一人ひとりにチャンスが与えられることほど大切なことはないでしょう。そして、そのチャンスは、運動能力が同じような集団においても、差のある集団でも、参加する全員に与えられるべきものです。まずやってみること、挑戦できる環境に自分がいることを生徒が知り、生徒は自分の力を発現していくのだと思います。

3）スポーツテストって何？　―自分の体力を数値で見てみよう―

　筑波大学附属聾学校では、毎年4月、5月を中心にスポーツテスト（幼稚部以外は新体力テストと同様）を行います。幼稚部、小学部から高等部、専攻科まで毎年実施され、在学期間の長い生徒では、自分の体力について17、8年間にわたって推移を知ることができます。

　　生徒：「スポーツテストって何ですか？」
　　私　：「小学生の時にやらなかったかな？」
　　生徒：「どんなことをするんですか？」

私　：「1,500mや50mを走ったり、握力を測ったり、いろいろな測定をするんだよ。」
　　生徒：「やった・・・かなぁ。(思い出すように)」
　スポーツテスト(新体力テスト)は、学校や地域によって実施の状況もさまざまです。小学校から進学してくる生徒達が、これらのテストを経験せずにいることももちろん考えられます。では、小学校から聾学校中学部に進学してきた生徒の入学当時の体力テストについて、紹介します(**表1-7**)。

　ここに示した数値は、全国平均を50とした際に、小学校から聾学校中学部に進学してきた生徒(「個人」で表記)と、その所属する集団(例えば中学1年女子といった集団:「集団」で表記)を標準偏差を用いて示したものです。すなわち50よりも数値が大きければ全国標準よりも高いということです。**表1-7**は、小学校から聾学校に進学してきた生徒全員が、体力面で障害のない生徒に劣るだけでなく、同世代の同じ障害のある生徒達にも劣りがちであることを示しています。これらの生徒達が、どのような体育活動を行っていたのかは、他でも触れているように(1章-1参照)、体育の授業を見学で過ごすことが多かったようです。

　では、96年度入学の生徒(ケース1)と98年度入学の生徒(ケース2)については、体育授業や体育的活動を通してどのように体力テストの結果が変化していったのかを紹介しましょう(**表1-8**)。ケース1の生徒は、7種目で入学当初よりも記録が向上していることがわかります。また、ケース2の生徒は、1年ですべての種目の記録が向上しています。

　小学校からきた生徒達は、自分の障害の程度に合わせて行われる聾学校の体育と出会って、今まで自分の体験してきた小学校の体育との違いに戸惑うようです。しかし、このようなテストで客観的な数値として自分の体力が伸びていくことや、できなかったことができるようになる喜びから、自分の力を見つめ直すようになっていくのです。

2．2,726人の仲間達へ

　平成15年5月1日現在で、全国の聾学校に在籍する児童・生徒以外に特殊学級と通級による指導を受けている聴覚に障害のある児童・生徒は、2,726人です。実際には、通級指導も受けることなく普通に授業を受けている児童・生徒達も多くいると思います。ここに挙げている2,726という数字は、聴覚障害のある児童・生徒数をすべて示しているわけではありませんが、小・中学校にこれだけの聴覚障害児がいるのです。

　例えば、小・中学校において指導者が聴覚に障害がある児童・生徒と対峙したとき、障害の有無が分かりにくいため、瞬時にどのように指導してよいかわからないことがあります。聴覚の障害に限らず、うまくコミュニケーションが取れな

表1-7 小学校から聾学校に進学した生徒の入学当初の体力テスト（全国平均値との比較）

<96年度>

	反復横跳び	垂直跳び	背筋力	握力	上体そらし	立位体前屈	踏み台昇降	50m走	走り幅跳び	ボール投げ	けんすい	持久走
集団	46.8	46.8	49.0	46.9	46.2	50.8	43.0	45.9	47.1	51.1	41.0	47.9
個人	33.1	45.7	52.0	53.9	59.3	57.3	33.7	34.0	43.9	48.4	33.8	16.2

<98年度>

	反復横跳び	垂直跳び	背筋力	握力	上体そらし	立位体前屈	踏み台昇降	50m走	走り幅跳び	ボール投げ	けんすい	持久走
集団	44.3	43.9	52.1	46.3	46.5	51.0	50.1	38.6	47.3	48.2	41.5	36.3
個人	47.0	53.8	46.3	38.8	49.9	40.2	53.4	46.8	N	32.8	44.2	N

（N：数値なし・実施できず）

<99年度>

	握力	上体起こし	長座体前屈	反復横跳び	持久走	50m走	立ち幅跳び	ボール投げ
集団	37.8	54.8	40.4	46.2	43.4	47.1	48.1	46.9
個人	38.4	39.4	46.1	40.0	31.4	28.5	39.1	30.8

<99年度>

	握力	上体起こし	長座体前屈	反復横跳び	持久走	50m走	立ち幅跳び	ボール投げ
集団	37.8	54.8	40.4	46.2	43.4	47.1	48.1	46.9
個人	40.0	50.5	43.7	45.4	33.0	45.6	38.7	44.5

個人：小学校から聾学校に進学した生徒
集団：「個人」が所属する筑波大学聾学校の同学年の生徒の平均値

表1-8 小学校から聾学校に進学した生徒の体力テストの推移（全国平均値との比較）

<ケース1>96年度入学（Aさん）

	年度	反復横跳び	垂直跳び	背筋力	握力	上体そらし	立位体前屈	踏み台昇降	50m走	走り幅跳び	ボール投げ	けんすい	持久走
集団	96	46.8	46.8	49.0	46.9	46.2	50.8	43.0	45.9	47.1	51.1	41.0	47.9
	97	42.6	50.1	55.1	52.0	39.8	49.6	41.9	44.1	49.3	50.9	39.0	40.7
	98	45.6	50.3	51.5	49.5	40.4	45.9	45.1	45.4	48.1	52.7	38.5	41.8
Aさん	96	33.1	45.7	52.0	53.9	59.3	57.3	33.7	34.0	43.9	48.4	33.8	16.2
	97	14.9	37.1	43.9	52.7	54.7	62.7	34.9	31.8	41.5	44.6	32.3	19.0
	98	26.6	47.5	43.6	59.4	53.0	61.9	38.2	34.7	43.4	47.2	36.7	34.1

<ケース2>98年度入学（Bさん）

	年度	反復横跳び	垂直跳び	背筋力	握力	上体そらし	立位体前屈	踏み台昇降	50m走	走り幅跳び	ボール投げ	けんすい	持久走
集団	98	44.3	43.9	52.1	46.3	46.5	51.0	50.1	38.6	47.3	48.2	41.5	36.3
							長座体前屈			立ち幅跳び		上体起こし	
	99	47.7			45.8		48.7		46.3	47.3	50.1	51.1	44.7
Bさん	98	47.0	53.8	46.3	38.8	49.9	40.2	53.4	46.8	N	32.8	44.2	N
							長座体前屈			立ち幅跳び		上体起こし	
	99	48.1			43.3		51.1		60.2	66.1	44.8	56.1	58.4

（N：数値なし・実施できず）

仲間との話し合いが大切です

かった結果、障害のある児童・生徒が孤立し、また、保護者との間に誤解が生じたりすることもあるかと思います。中には、児童・生徒達の間でも同様の問題が起きることもあるでしょう。

どのようなときでも、障害のある児童・生徒への体育・スポーツ活動の指導は、障害への理解に基づいて、活動の一つ一つを丁寧に見ていくことが大切です。その上でうまくできたり、失敗したり、さらに高いレベルを目指したり、仲間を増やしたりという活動を通して、児童・生徒自身が体育・スポーツ活動をどのようにとらえていくか、そこに指導者がどう方向を与えていくのかで児童・生徒は育っていくものだと思います。そしてなによりも忘れてならないのは、どのようなかたちでも「コミュニケーションをとる」ということです。

このように考えれば、小・中学校に在籍する2,726人の仲間達が、体育の授業やスポーツ活動に参加でき、有意義な時間を過ごせるなら、そこには「障害」という壁は存在しないといってもいいのかもしれません。そのためにも、障害のある児童・生徒達が安心して、体育・スポーツ活動に取り組み、自分の力を伸ばすためには、「自分はいつも見られている」「忘れられていない」ということを児童・生徒自身が実感できる環境を創ることが、指導者にとってはとても重要なのです。

【内田　匡輔】

文　献
1）内閣府編：平成16年度版障害者白書．独立行政法人国立印刷局，2004．

2章
バリアフリーをめざした授業の実践

　バリアフリーは日常の授業の中で実践できます。2章では、筑波大学・筑波大学附属学校で、バリアフリーをめざして試みられた授業の具体的なプログラムや模様を紹介します。

1　正課体育を通して変わったCさんの思い

2　ゴールボールに挑戦

3　体育授業での車椅子バスケットボールの実践

4　知的障害養護学校における逆統合保育の試み

1 正課体育を通して変わった
Cさんの思い

1．筑波大学における正課体育

1）筑波大学での正課体育の概略

　　筑波大学における正課体育は、17頁に示したような目標をおき、全学の2年生までを必修とし、それ以降は、所属する教育組織によってさらに1年あるいは2年間の必修を義務づけています。1年生のほぼ1学期をオリエンテーション期間として、ストレッチの方法や、健康的な大学生生活を送る上での食生活、スポーツライフに関する講義、そして体力診断テストを基にした健康体力づくりの実習等を学び、1年2学期から本格的な実技の学習に入ります。選択された科目は、1年の3学期まで同じ種目を実践します。2年生の4月に、新たにオリエンテーションを行い、2年で学ぶ種目の決定をします。前にもふれましたが、選択された科目は原則的に1年間を通して同じ種目を行いますが、例外として、二つの競技を組み合わせた授業や、バレーボール、バスケットボール、バドミントンのような競技を、学期ごとに行う基本運動という科目もあります。

　体育は、決められた固定時間に履修します。履修学生数によって、原則的に各コマほぼ40人の定員で学習できるよう、科目数を配置しています。学生は、オリエンテーション時に科目の紹介のために制作したVTRを視聴し、その時間に開設された約12科目の中から履修科目を選択します。定員に対して履修希望者のほうが多い場合は、何らかの方法で履修学生を選抜し、第一希望の履修に漏れた学生は第二希望にまわります。障害のある学生については、彼等のために開設された科目トリム運動を開設しており、それを履修してもよいし、その他の科目の履修も自由です。われわれ指導者は、障害があってもできるかぎり非障害学生との履修を奨め、ガイダンスをしますが、中にはどうしても皆と履修できない、したくないという学生もいます。その主な理由として

- 周囲の目を気にする青年期でもあり、障害のある身体を周囲の目にふれさせたくない。
- 運動能力が劣るので、劣等感を味わいたくない。
- 体力的に非障害学生と共に活動することは困難。
- 現在疾病やリハビリ中で、通常の体育は無理。
- 精神的なバランスを崩して、大勢の中での体育は負担が大きすぎる。

があげられます。ある大学では、医者や担当教員を含めた委員会を設け、その場で特別クラスの履修か否かを決定するというシステムをとっていますが[1]、多くの大学は、判定基準を特に定めていません[2]。筑波大学では、障害の判別に影響を与える点は、本人をとりまく周囲の環境に対する自身の認識が最も大きなウエイトを占めると考え、オリエンテーション時に履修理由を聞き、本人の身体的、精神的負担にならないであろうと思われる科目をいくつか例示し、さらに、担当の教員に障害のある学生に対する配慮事項も伝えた上で、なおかつ本人のトリム運動履修希望が強い時には、その意思を尊重します。ですから、かつて脳性麻痺のため両手と右足に障害があり、さらに声帯にも麻痺があるため会話も文字盤を足で指し示すことによって成立させるほど重い障害のある学生が、本人の希望により水泳の授業を履修した例もあり、あくまでも履修にあたっては本人の意思を尊重しています。しかし、私達の意図は理解するものの、障害のある学生が、大学入学以前に体育の授業に参加していない時期が長ければ長いほど、急に体育実技をしても皆のレベルに技術が伴わず、周囲から笑われるから、小規模の人数でやりたいと履修申告をする学生が多くを占めます。また、現在障害者に対するボランティア活動中の学生、障害とかかわる領域で学んでいる学生の履修も、対象のクラスの構成を勘案しながら一定の枠を設け許可をしています。

　トリム運動の授業形態は、定時コース（毎週定められた時間に履修する）が原則ですが、中には毎週授業をすると本人の健康や、周囲の介助者の健康を損ねてしまう場合もあります。また、3、4年生は、卒業論文や就職活動等の関係でできるだけ単位の取得がしやすいようにという配慮をしており、それらを勘案して、夏や秋の休暇中に集中授業も開講しています。トリム運動の授業のおおまかな流れを以下に示します。

(1) トリム運動オリエンテーション

　過去の授業風景のVTRを見せ、安心して体育に参加できる雰囲気作りをします。VTRは、今までの学校体育授業ではほとんど題材として取り上げられていないスポーツを教材として用いていますので、授業全体や雰囲気を理解させるには欠かせません。そのほかに、トリム運動で使用可能なスポーツ施設、用具の紹介もします。1学期は、私が中心になって、いろいろなスポーツを数時ずつ体験します。2、3学期は、学生が体験したい題材を話し合って決定します。

(2) 学生の自己紹介

　個別に履修の理由と現在の身体的状況を、本人の負担にならない程度に話しをさせます。この時にかなりはっきり履修理由を述べることができる学生と、自分の事状を話したくない学生がいますが、最低限「この程度の運動は可能」という点については話しをさせます。その点を怠ると、授業のときに仲間への配慮に欠ける点が生ずる心配があるからです。

2）授業にあたっての配慮

（1）身体を動かすことの楽しさに気付かせる。

前に記したように、慢性の疾患や事故等の後遺症を持っていて、小学校や中学校時代から体育は見学だったという学生は、その期間が長ければ長いほど体育に対して「今まで体育は見学で一緒に活動に参加したことがない」「記録つけしか授業はしていない」「どうせできない」「自分とは縁の無い授業」「大学まできて体育で苦しめられるなんて」という否定的な考えを持っている者が多いです。今までの学校の体育歴の中で、そのような考えを醸造してきているので、授業の最も大きな目標に「身体活動の楽しさの体得」を掲げています。

（2）失敗ができる授業

この年齢の学生は、他人の目を強烈に意識する時期です。人前で失敗することを特に嫌います。幼い頃から積極的に身体を動かしていないので、身体意識が十分にトレーニングされておらず、自己の身体を意図通りにコントロールすることがうまくできません。正直なところ身体の動きがぎこちなく、「不器用」と心底思わされる学生もいます。そのような身体的状況も身体活動への接近を妨げていたともいえます。そこで、安心して失敗できる環境を整える授業となるように、特に1学期は導入の段階であるので、教材の選択に配慮をしています。具体的には、今までの学校体育ではほとんど取り上げられていない題材を選び、学習開始時に「うまい」「下手」ができるだけ意識されないよう、スタートラインが同じとなるよう、言い替えればみんなが初心者という環境をつくっています。

（3）助けあえる授業

トリム運動の受講者は多くて10人前後、少ないと1人という場合もあります。私達は、教員と学生の1対1の授業はできるだけ避けるという方針を採っており、そのような状況が生じた時は、学生の空き時間をたずね、その空き時間に開講している本来自分が履修する時間外のトリム運動に、履修変更をしてもらっています。1対1の授業であると、友人からさまざまなことを学ぶことができなくなり、また集団の持つ多様な力に接すること、そして助けあいの関係の中で授業を展開するということができにくくなるからです。トリム運動のねらいは、学生が生涯にわたってスポーツを楽しむための知識・技能・態度の修得に置いていますが、同時に、周辺の人と共に楽しさを味わうことができることにも狙いを置いています。つまり「仲間のもっているいろいろな状況を考慮して、スポーツを楽しむ」ことができるためには、複数の履修者が必要条件なのです。

（4）競う相手は自分

学生は単に身体を動かす活動よりも、ゲーム形式（競技）の授業に興味を示します。そこで競技を題材に取り上げることが多いのですが、「うまい者」「強い者」「速い者」が常に勝つのが競技の宿命といえるので、授業の開始時に、「競う相手を他人でなく自分」とし、自分の記録の更新、あるいは目標を達成することに努

力するように話しをします。学生同士の戦いであると劣等感を感じることもありますが、自分の立てた目標への到達度で勝敗を決めるので、それほどストレートに感じません。さらにある程度技術が上達すると、他人との競技に移行しますが、その場合もできるだけシングルス形式はとらず、ダブルス形式で競技を行い、やはり目標値に近い組が優勝という形式を採り、一人ひとりの技術の優劣で勝負が決まらないような配慮をしています。

このようなトリム運動ですが、履修学生を類別すると以下のようになります。

①整形外科的疾患（交通事故や、スポーツサークル他で負傷をし、現在通常の体育の授業を履修できない者。靱帯損傷、骨折、捻挫、脱臼、事故による後遺症等）
②内科的疾患他のため、通常の体育を履修できない者（心臓病、腎臓病、妊娠他）
③皮膚科疾患のため、通常の体育を履修できない者（アトピー性皮膚炎他）
④眼科疾患のため、通常の体育が履修できない者（網膜色素変成、網膜剥離他）
⑤精神的疾患のため、通常の体育が履修できない者（神経症、躁鬱病他）
⑥麻痺等の神経疾患のため、通常の体育が履修できない者（CP、進行性筋ジストロフィー、二分脊椎他）

クラブやサークル活動、事故等で受傷した学生は、積極的にスポーツにかかわってきた人達が多いので、スポーツに対するアレルギーはありません。幼い時に発症あるいは事故等にあい、現在も疾病中やその後遺症を持つ学生の多くは、今までの学校生活で、体育は身体活動をともなわなかったという生活を送ってきた人達です。Cさんもそんな1人でした。

2．Cさんのプロフィールと授業の内容

Cさんは、先天性骨形成不全という疾患がありました。この疾患は、全身の骨の形成が十分でなく、骨折しやすいという症状があります。また、骨の発育が悪いため、発育期に十分に骨格を成長させることができず、そのため長育（特に身長の発育が悪い）が130cm台です。治療法は確立していません。発育期のある時期にあまり過激な運動をさせないで、おとなしくしていなければなりません。ですから、近所の子どもと外で遊んだ経験があまりないと言います。Cさんは急いで移動する時は車椅子を使用しますが、部屋の中で移動する場合の歩行はほとんど問題はありません。

彼女の学校時代の体育は、小学校はずっと見学、中学校は彼女を巻き込んで授業をしようとした先生がおり、彼女のできそうなことを月に何回かとりあげてくれました。彼女は、その時に、卓球が少しできるようになりました。高等学校では、記録つけや審判で過ごし、「選択授業の中で卓球をしたい」と申し出て

「骨折するといけないから・・・」といって、消極的な形でしか授業に参加をさせてもらえなかったと言います。Cさんは、筑波大学に入学して新入生ガイダンスを受け、自分の時間割を作ったとき、「大学でも体育はあるんだ」と憂鬱になったそうです。「どうせ見学なんだし、ないほうがよい」と思ったと言います。今までの学校生活で、体育授業は中学時代のある時期に、消極的な参加でしかしておらず、そのため、悪い成績しかつかなかったし、もっと不幸なことに、「体育をしないで勉強するから成績がよい」「疲れないから勉強がはかどるだろう」などの陰口をたたかれ、不本意ながら体育に参加できないことが、いじめの対象になってもいました。ですから、体育に対する良い印象をまったく持っていませんでした。

　肢体不自由児教育の先人柏倉松蔵が、1921年柏学園を創設した動機は「どこの学校に行っても、体操の時間になると足や手の不自由な子どもがきっと一人や二人はいて、運動場の隅にしょんぼりしていることでした。私は、その不幸な子ども達の淋しい姿が、元気に体操する子ども達と対象して余にも傷々しく胸に刻みつけられて、忘れられなかったのです[3]」とあったことを考えると、それから半世紀以上もたった今も、そのような扱いを受けている子ども達がたくさんいるということに、教育の保守性を感じざるを得ません。教育の世界では、精神的、身体的に問題のある子どもがいると、まず、医者の意見が最も重要視されます。そして、次は教員、それからソーシャルワーカー、カウンセラー等の人達、そしてもっとも下に位置するのが保護者と本人、こんなヒエラルヒーが存在します。「命を守る」「障害を悪化させない」という点が最優先されるから、このような状況が生み出されると思います。障害がなくても事故の起こりやすい野外での活動や水泳の指導が減少しているといわれる昨今、教員は、「子どもが体育の授業に参加したがるから授業に参加させたけど、その結果病気や障害が悪化した」と言われたり、「皆と一緒に活動してケガをした」と言われることを恐れます。他方、障害児学校の体育の教員の多くが、障害児に関する専門的な教育を受けていないという調査もあり[4]、小・中・高等学校に勤務している教員が、統合されている障害児の体育指導をどのようにしたらよいかという教育は、ほとんど受けていないと思われます。指導経験のなさと、教育界の保守的な体質が、障害のある子ども達から体育の機会を奪っていると言えます。そのような点を考慮し、上記の筑波大学でのトリム運動の目標の設定や、配慮事項は設けられています。

1）ルールの変更

　Cさんに対して、私は以下のようなルールの卓球を教材として用いました。
①椅子はキャスターつきの上下に移動する可動式のものを用い、必ず椅子にすわってボールを打たなければならない。
②ボールは視覚障害の人達が行うボールを用い、ネットの下を通過させる。

> ③ゲームはダブルスで行い、バドミントンのように順番を設けず、自陣にある
>   ボールは誰が打ってもよい。
> ④ゲームのエリアは、座って手が届く範囲とし、エンドラインからネット側に
>   手を伸ばし、届く点からエンドラインと平行に引いた線がサイドラインと交
>   わる範囲を自陣とする。これはゲームセンターで行われているエアホッケー
>   のような感覚のスポーツです。

2）Cさんの感想

> 「体育は私に屈辱と悲しみとあきらめしか与えない教科でした。小学校時代は骨折しやすい体質でしたからあきらめもありました。症状の安定しだした中学時代の先生は、私を何とか授業に加えようと努力をしてくださいました。しかし、高校時代は全て見学でした。1年の時に一度だけ先生に『見学ではなくて何かできることをしたいのですけれど・・・』と申し出たことがあります。『うん！わかった』といって次の時間に私のやったことは、試合の点数係でした。私は、自分が部分的でも皆と一緒に身体を動かす活動を先生が何か考えて下さると思っていたのですが、先生には私の意図が通じなかったようです。その時以来私は、先生は私ができることは得点係、基本的には活動して欲しくないのだなと思って、一切申し出ることをしませんでした。体育の成績がどうのこうのというまえに、生徒としての席を与えられていない自分を見つけて悲しかったです。だから筑波大学に進学した時に、体育が必修という現実を見たときに仰天しました。大学で体育が必修なんて考えてもみなかったからです。せっかく『あの気持ち』から解放されると思ったのに・・・。」
>
> 「1学期を終わって、自分の居場所を感じることができる体育を初めて体験しました。『これが体育っていう教科だったんだ。みんな体育の時間でこんな気持ちを味わっていたんだ。』ということがわかりました。自分の心の変容に戸惑いを感じるとともに、どうして、高等学校でこのような気持ちを味わえなかったのだろうかという疑問がわきました。たしかに私は特別な体質を持っています。でも、学校というところは、生徒を受け入れたからには、生徒に対して教育を施す義務があるはずです。もっと責任を果たすべきだったと思います。大学に入ってこんな気持ちを体験しないで学校を卒業していく多くの私のような人達のために、体育は変わるべきだと思います。」

　Cさんの意見は、私たち体育の実践者に多くの問題を投げかけています。教員になるために、介護体験を義務づけられ、障害を垣間見る機会を義務づけられました。障害というものを考え、知る機会を得たことは前進だと思います。しかし、本当に教員としてある期間授業を担当するためには、決して十分ではない制度です。障害がなくても、皆と同じようにできない子どももいます。教育内容や制度の更なる改善が加えられないと、障害のある子どもが、柏倉松蔵のような感性を

持った教員に受けもたれることを期待するしかない現状が、まだまだ続きそうです。

【後藤　邦夫】

文　献

1) 島岡　清，他：名古屋大における障害学生の体育実技に関する研究．名古屋大学総合保健体育科学部紀要，**18**（1）：93-99, 1995.
2) 水田嘉美，他：身体に障害・疾病を有する学生の体育実技指導の実態調査．東海大学紀要体育学部，**25**：83-93, 1995.
3) 北野与一：日本心身障害者体育史．金子書房，p401-402, 1996.
4) 中川一彦：特殊教育諸学校の体育教員の現状に関する一考察．日本スポーツ教育学会，**10**（1）：16, 1990.

2 ゴールボールに挑戦

　国土交通省の通達が改正されて、車椅子を利用する人が介護人なしに単独でバスに乗車できるようになったり、乙武洋匡氏の「五体不満足」という本が3年来のベストセラーになっていることは、少しずつですが、世の中の仕組みが確実に障害者や高齢者にやさしい方向へ移行している現れだと言えます。

　このような社会の流れに対して、学校教育は2002年から施行される新しい学習指導要領の中に「総合的な学習」の時間を新設し、「国際理解、環境、情報、福祉・健康」を重要な学習課題として例示しています。この総合的な学習を生み出す背景として、授業時数を各学年15時間ずつ供出することになった体育科（小学校）としましても、何らかの形でこの総合的な学習と積極的に接点を持つべきだと考えます。

　そこで、運動やスポーツの領域から総合的な学習にアプローチする試みとして、「福祉」に焦点を当てた次のような授業実践を紹介していきます。これは、健常児（6年生）が、目の不自由な人のために考案された「ゴールボール」というスポーツを体験することを通して、福祉をテーマにした総合的な学習を展開していった実践事例です。

1．ゴールボールの授業への導入

　ゴールボールは、第二次世界大戦で視力を失った軍人のために、ドイツの病院で考案されたサッカー型のボールゲームです。試合は、1チーム3名のプレーヤーが鈴を入れて音の出るボールを相手ゴールに向けて転がし合って得点を競います。自分達のゴール前で3人のプレーヤーが間隔をとって広がり、相手の転がすボールをサッカーのゴールキーパーのように体全体で受け止めたり、ゴールの外へ弾いて守備をします。この競技はパラリンピックの公式種目で、正式には20分間（10分ハーフ）に奪った得点で勝敗を決めていきます。

本実践の意義

　運動やスポーツの世界には、身体に障害のある人のために工夫された運動やスポーツの種目があることを児童達に伝えるとともに、その運動を体験することを通していろいろな立場や身体能力の人達が同じ時間を共有していくことの可能性

やすばらしさを児童達に理解させたり考えさせる活動を展開すること。

1）授業の計画と目標

具体的な学習活動としては、
①アトランタのパラリンピックの様子をビデオで学習し感想文にまとめる、
②視覚障害者のスポーツ「ゴールボール」に挑戦して視覚を制限した運動の体験をする、
③授業後の感想を作文に書く
という三つの活動を中心に授業を進めるように計画しました。

アイマスクを着用してゴールボールに挑戦することは、児童達にとって、いつも当たり前に動く身体に不自由さを与えて運動することを意味します。その結果、児童達が「運動・スポーツ・身体」について思い描いているイメージに新しい刺激を与えられると予想できます。さらに、これらの活動を通して、障害のある人々に対して本当に思いやりのある接し方や態度が育っていくことも間接的なめあてとしました。

授業の目標は以下の通りです。

授業の目標

- ●障害のある人に合うように工夫された運動やスポーツの存在を知る。
- ●障害のある人も運動やスポーツに楽しみを見いだしていることを理解する。
- ●スポーツや運動には、ルールを工夫するとさまざまな立場や個性を持った人がいっしょに活動を楽しめる特性があることを理解する。
- ●障害のある人に対して本当に思いやりのある接し方や態度を身につける。

2）授業の実際

実際の授業は、
①ビデオ学習とゴールボールの説明に2時間、
②ゴールボールの体験が5時間（試合は3時間）、
③まとめ（感想文）1時間
の計10時間扱いで実施しました。詳細は次の通りです。

（1）ビデオ学習と感想文

1996年、アトランタで実施されたパラリンピックの映像をビデオで見せて、障害のある人のスポーツについて学習しました。映像を通して、パラリンピックにはオリンピックで行われているスポーツ種目の他に、車椅子を使った競技のように障害者のために工夫された種目がいくつかあることを理解させました。そして、それらの種目の中から視覚障害者のために考案されたスポーツ「ゴールボール」にこれから挑戦していくことを伝えました。

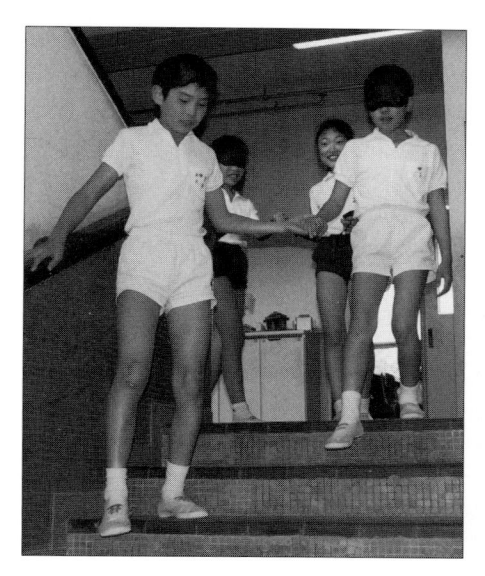

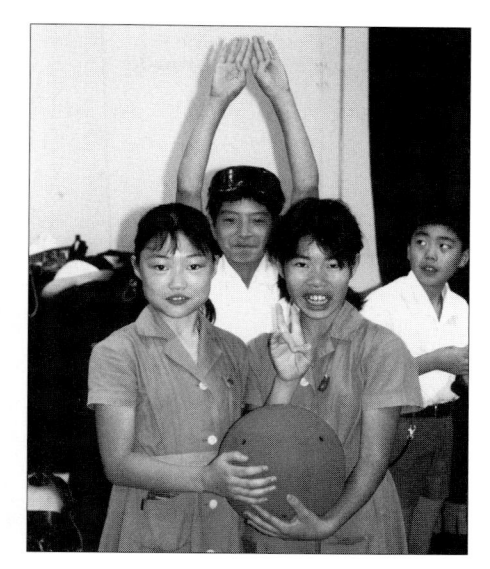

写真2-1   写真2-2

(2) ゴールボールの体験活動

　　まず最初に、アイマスクをつけて視覚を不自由にした状態で、友達に手を引いてもらったり、友達の指示と手さぐりを頼りに学校内を歩く活動を行いました。この活動は、アイマスクを着用して動く感覚に慣れるとともに、その恐さや大変さを体験させることを意図したものでした。児童達は、アイマスクを着けて動くには仲間の助けが不可欠であることを十分に実感したようです（**写真2-1**）。

　　次はいよいよゴールボールへの挑戦です。けれども、アイマスクを急に着用した児童達が、正式なルールでゴールボールを行うことは危険をともなうので、以下のようにルールを変更して試合を実施することにしました。

　①ルールと試合の進め方
　　・攻守の切り替えが連続するゲームを一定時間で攻守交代する方法に変更しました（コートの大きさも半分になり、コート数が増えることになります）。
　　・1チームのメンバーは6～7名として全体で6つのチームを作り、3人ずつ交代して試合に出場します。試合は攻守を2回ずつ交代して合計得点で勝敗を決めます（試合時間は3分×4）。
　　・攻撃側の3人が順番にボールを転がして3分間続けて攻め、守備側は3人で守ります。メンバーの交代は自由としました。
　　・正式なボールは大きく重いので（**写真2-2**）、鈴入りのバレーボールを使用しました。普通のバレーボールにスーパーのビニール袋を被せて音が出るように工夫したものでも代用できます（シャカシャカという音が出る）。
　　・守備側はアイマスクをして守り、攻撃側はアイマスクなしで得点をねらいます（試合中はアイマスクを外さないようにします）。

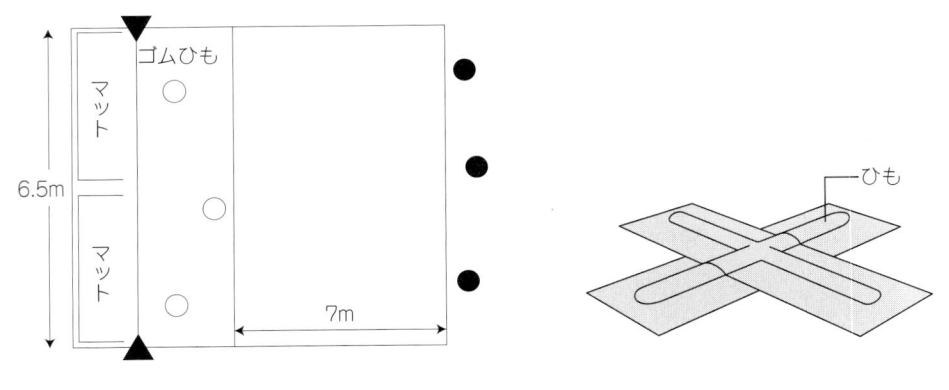

図2-1　ゴールボールのコート

図2-2　守備位置の目印

写真2-3　ゴールの様子

- 攻撃側は転がす前に声で合図し、守備態勢が整ってから攻めます（速いボールは禁止）。
- 両チームで試合に出ない者は、審判、ボール拾い、守備をしている者の補助や誘導を分担して行います。

②コートの様子とゴールについて

試合は**図2-1**に示したようなコートで行い、ゴールは**写真2-3**のようにコーナーポストを三つ重ねてゴム紐を張って作りました（高さ85cm）。そして、転がってきたボールがマットに触れたら得点として認めることを全員に共通理解させました。

また、**図2-2**のようにラインテープの下に紐を入れて床に凹凸をつくって守備位置の目印としました。アイマスクを着用した守備者は、自分の守るべき場所をこれで確認することになります。

③ゴールボールの基本動作の練習

転がるボールの音を聞き分けてボールのコースや速さ、距離感を探り当てるこ

写真2-4　ボールの捕球練習

写真2-5　ゴールボールの試合

とが、ゴールボールに必要な最も基本的な能力になります。そのため、次のように少しずつ段階を踏んで練習を進めました。

　まずは、アイマスクを着けて友達の手拍きや声を頼りに歩いたり前転をする練習です。120cm×360cmの大きさのマットを活用し、体育館の床と段差を作って活動する範囲を限定して安全面に配慮しながら練習を行いました。マットのつなげ方を工夫すると、動きに広がりが見られて児童達の動きもスムーズになっていきました。

　続いてボールを使った練習です。アイマスクを着用していない仲間が転がすボールをアイマスクを着けて補球したり、転がってくるボールをよけるドッジボールを実施しました。ここでも、**写真2-4**のようにボールの転がってくる範囲やドッジボールのコートの広さを手さぐりで確認できるようにマットを活用しました。

　最初は、鈴の音が聞き分けられないのか、大部分の者がまったくボールを補球できない状態でした。けれども、次第にどちらかの耳をボールの転がってくる方向に向けて構えるようになり、ボールを捕球する確率が高くなっていきました。危険防止のために、必ず球拾い係を決めて練習することが大切になります。

　④**ゴールボールの試合の様子（写真2-5）**
　以上の練習の後に、3人で協力してゴールを守る練習をチーム毎に行ってから

実際の試合へと授業を進めていきました。各チームとも練習試合を含めて合計4試合行いました。

チーム練習ではアイマスクの者を気づかい、ボールを転がす速さをコントロールしていました。ところが、試合になるとやはり勝負が優先して、スピードボールで攻め合う険悪なムードの漂うゲームも見受けられました。そこで、試合後に反省と話し合いを重ねて、最終的にはボールの速さをお互いに調節しながら和やかな雰囲気でゲームが進行するように変わっていきました。

また、今回は3コートで一斉に試合を行うような計画にしたため、試合に夢中になって応援や歓声が大きくなり、ボールの鈴の音が聞き取れないという問題が発生しました。何とか解決策を見つけ、いずれは正式なルールで行うゴールボールに発展させたいと考えています。

正式な試合では、プレー中にベンチにいる仲間やコーチが声で指示を出すとペナルティ・スローという反則になり、サッカーのゴールキーパーのように1人で守らなくてはなりません。当然ですが、観客も静かに応援をします。

⑤指導上の留意点

健常児が意図的にアイマスクを着用して活動するわけですから、十分に安全面の配慮をしなければなりません。特に、ゴール前で守る位置の目印となるラインテープをしっかり確認して守ることを習慣づけることが大切です。いい加減な位置で守ると守備者同士が衝突することになります。そのために、中央の守備位置の目印テープと両端の目印テープを設置する場所をずらすような工夫が必要です。

ボールを捕球する場合には、ボールが顔に当たらないようにすることや突き指に注意することが大切です。はじめは近い距離からゆっくり正面に転がるボールで練習し、その後左右に転がってくるボールのキャッチに挑戦するようにします。肘や膝をぶつけることがありますのでサポーターを着用したり、できるだけ肌の露出の少ない服装で行うとよいと思います。またアイマスクは眼病の伝染も考えられますので、個人で用意するようにします。

なお、公式なルールは、日本ゴールボール協会に問い合わせて下さい。
（東京都北区十条台1－2－2　東京都障害者総合スポーツセンター内）

2．授業後の児童達の感想とまとめ

7時間のゴールボールの体験活動を含む授業実践を振り返って、最後の時間に授業後の感想を作文に書かせました。その一部を紹介しながら、本実践のまとめをします。

「まず授業は、アイマスクをして目の不自由な人の感覚をつかむことから始めました。マットの上を歩いたり転がるボールをよけることは思った以上に大変で

> した。それは、周囲の音でボールの鈴の音が消えてしまうからです。耳に神経を集中させて行動することがいかにむずかしいのかを実感しました**（男子）**。」

> 「アイマスクをすると、本当に何も見えません。だから相手の投げるときの『いくよ』という声。みかたが捕ったときの『捕った』という声。相手のさけぶ『入った』という声。点をとられるのはくやしいけど、試合の様子がわかる声を聞くとなぜか安心するのです。
> 　私たちはアイマスクをとると、明るく何でも見える世界に戻れます。でも、目の不自由な人は戻れないのです。暗くて何も見えない世界というのは、つらくて恐ろしいのです。だからこそ、少しでも目の不自由な人の力になってあげたいと思います**（女子）**。」

　このようにゴールボールの本質よりも、目の不自由な人の大変さが本当によくわかったという感想が多く、自分達にもできるお手伝いの必要性について触れている感想もいくつか見受けられました。

　したがって、今回の授業実践では、ゴールボールの技能向上よりも、スポーツを通して障害のある人の立場や様子を理解するといったような「人とかかわる力」のための新しい感覚やコミュニケーションのあり方を開いていくところに意味が見い出せるように思います。「運動やスポーツの使命＝体力づくりと技術の向上」という安易な図式を改めて、学校体育のあり方や活用方法をもっと幅広い視点から検討すべき時期に来ているのではないでしょうか。

　最後に、本実践は社会科の「政治のしくみとくらし」と連動させて計画・実施されたものであることを付記しておきます。　　　　　　　　　　　【山本　悟】

文　献
1) 山本　悟：体育科教育，**48**（4）：32-34，2000.
2) 山本　悟：実践「総合的な学習」ハンドブック（監修：梶田叡一），p74-75，文渓堂，1999.

3 体育授業での車椅子バスケットボールの実践

1．車椅子バスケットボールが生徒達に与えるもの

　車椅子バスケットボールを体育授業に取り入れてみようと思ったのは、今までの学校体育の流れに疑問を持ったからです。学校体育は、児童・生徒に、より高くより速くより遠くという競争性を要求してきた一方で同時に、楽しさも授業のねらいとしてきました。そして今は個人的な目標設定をめあてとしています。

　個々に目標設定をする背景には、さまざまな体格の者が、さまざまな技術レベルで個々の動機を持って参加していることがあげられます。しかし、授業の中で仲間とのかかわり合いを経ながら一人ひとりが変わっていくのです。たとえ個人的な種目であっても仲間との関係の中で行っているからです。例えば、授業で柔軟体操をしながら生徒達は、「なんだよ、からだ硬いなあ」、「これでも毎日やってるんだけど」、と話しています。こんな簡単な会話から始まっていく「関係性」は教室で行われる授業との違いであり、学校体育だからこそできる課題でもあると思うのです。人間関係が希薄といわれる今だから大切にすべきものなのです。

　また、授業での種目は児童・生徒にとって見たことのあるスポーツがほとんどで、ルールや運営方法は競技から流用したものが大半です。例え児童・生徒達の間に、技術レベルや体格の差があっても、ルールを変更することは稀なことです。しかし、本来フットボールがそうであったように、ルールはそこにいる者に合わせてできたものでした。バスケットボールの人数も最初から5人対5人だったわけではありません。ルールを自分達のものにしていく、自分達に合わせて作り変えていく作業が大切であると思います。ルールは、創り出していくものなのです。

　そこで、上記の二つ（関係性とルールづくり）を条件として満たす教材として車椅子バスケットボールの授業導入を思い立ったわけです。

　では、なぜ車椅子バスケットボールなのかというと、車椅子という道具を使ってスポーツすることで、障害者の存在を感じてもらいたいのです。生徒達は日常的に障害者に接する機会があまりないので、障害者の立場に立って考え、発言し、行動することがうまくありません。保健の授業で障害者スポーツを取り上げても、「彼らは障害があって大変なのによくやっている」といった生徒達の発言の底辺には、障害者への同情があるのではないでしょうか。なぜなら、オリンピックの映像を見て、競技をする選手に対して同情的な発言をする生徒はいないでしょう。

だからこそ障害のある人と自分達との垣根を低くするための媒体として、車椅子バスケットボールを授業に取り入れようと考えてみたのです。つまり、今まで他者として捉えてきた障害者を身近に意識することで、何かが見えてくると思えましたし、車椅子を使うことにともなってルールを変える必然性が生まれてくると考えたのです。

1）実践概要

授業は、車椅子バスケットボールを新しいスポーツとして独立させずに従来のバスケットボールと毎回並行して実施しました。10月〜12月までの全部で21時間の単元で対象者は、筑波大学附属高校1年1、2組女子（42名）です。授業内容としてはそれぞれの授業の前半部分に車椅子バスケットボールを設定（10分から15分程度）するという形で行いました。導入部では車椅子操作（直進、後進、ストップ・ターン、スラローム、ウィリー（キャスターあげ）他を行い、バスケットボールの方では、ホイールを使った球拾い、ランニングシュート、バスケット下からのシュート、ミドルレンジからのシュート、2人でパス交換しながらのランニングシュート、3人対3人でのゲームを行いました。車椅子は筑波大学附属桐が丘養護学校から一般用車椅子を6台、附属盲学校からスポーツ用車椅子を9台借りて授業を行いました。一般用とスポーツ用の違いは、スポーツ用にはブレーキが付いていないことと重心位置が異なりひっくり返りやすいがターンやウィリーがしやすいこと、そして軽くできていて、中にはホイールが斜めについている本格的なものも混ざっていました。

車椅子バスケットボールのスキルテストとして、教師が転がしたボールをホイールを使って拾うテストとコーンをスラロームしながら往復するというスラロームテスト、教師の前でのウィリー挑戦テストを実施しました。ほぼ全員の生徒が球拾いに成功したのですが、スラロームでは苦労していました。ウィリーが完全にできるようになった生徒は4名、1秒程度の生徒が11名でした。

ゲームの様相は、今回女子が対象だったこともあり、ボールを追いかけるスピードが遅く、サイドラインやエンドラインも意味がなくなりました。ルール変更は生徒が毎時間記入した上で提出するグループノートに、変更要望が出てきたのでどうするか問いかけ、変更しました。またボールの大きさも7号球ではバスケットに届きにくかったので、途中から6号球に変えて実施してみました。

（1）実践の目標

今回の授業では、個と個の関係性を意識することをテーマにバスケットボールという教材に取り組んでみました。従来のバスケットボールの授業でも、個の技術の上達だけではなくコミュニケーションを学習内容として行ってきたのですが、今回は車椅子バスケットボールを導入することで、より明確にしてみました。授業目標は以下の四つ（仲間・ルール・障害者との距離感・新しいスポーツへの

挑戦）です。

> ●スポーツの持つ友好性（社交）を重視する。
> ●障害者を知る第一歩としての障害者スポーツを実践する。
> ●ルールは与えられるものではなく、当事者で創り出すもの、アレンジするものであることを体験する。
> ●新しいスポーツへの挑戦

2）単元計画

(1) 学習者

本校の生徒は、附属小学校から中高と進学してきた生徒が約3分の1、附属中学校から入学してきて高校に進学してきた生徒が約3分の1、高校から入学してきた生徒が約3分の1ずつで構成されています。概してスポーツなど身体を動かすことに関して積極的な生徒が多いような印象を持っています。昼休みの時間を使って、テニス部主催のテニス大会やサッカー部主催のフットサル大会が、相次いで開かれていてにぎわっています。

授業を行った生徒の中で、課外活動でバスケットボール部に所属している者は7名いましたが、初心者も多く技術レベルは高くはありません。一方で中学校まで部活動でバスケットボールを行っていて、現在は他の部活動に所属している生徒は4名で、技術レベルはバスケットボール部員と同じように見うけられました。

また、車椅子に乗った経験がある生徒が7名、介護で押したことがある生徒が7名、身近で乗っている人がいるという生徒が2名いました。保健の授業で車椅子バスケットボールをビデオ鑑賞しているので、全員見たことがあると答えていました。グループは、各クラスを二等分して4グループ構成としました。

(2) 教材としてのバスケットボール

＜従来のバスケットボール＞

- 28mという短い距離のコートを行ったり来たりする運動量の多い教材です。
- コートは面として小さいので、瞬間の判断と実行が要求され、ボールとボディのコントロールを走りながら行うスポーツです。
- オープンスペースを作って攻めるという点はサッカー同様ですが、サッカーとの違いは一瞬にして攻防が切り替わるということです。よってチーム内でコンビネーションを合わせておかないとボールはつながりにくくなります。
- アメリカのスポーツ文化の代表です。運営面で必要でないルールは消され、必要なものを加えるといった具合に、定期的にルール変更が行われることから、ルールに対する柔軟な考え方を育てる教材です。

＜車椅子バスケットボール＞

- 初心者にとっては、バスケットボールの技術以前に車椅子操作の習得が必要です。ストップ・ターンや球拾いが重要な技術となります。よってバスケッ

表2-1 授業の流れ

	学習活動	学習内容	指導上の留意点
5〜6分	集合・挨拶・出席確認 ・本時の目標 ・本時の流れ ・注意点	目標・時間の流れを確認する	練習場所・対戦相手を確認させる
10分	体操・ウォームアップを行う ・2周ランニング ・2人組柔軟体操、体操 ・ターンダッシュ2種類 ・2人組パス	眠っている身体を起こす ・ボディとボールのコントロールを行う	最初のターンダッシュのターンはピボットであることを繰り返す
7分	車椅子での球拾い[1] ・ボールを追いかけて拾う ・拾い始めたら逆のホイールを回転させないようにしてターン動作に入る	・球拾いとターンが直結する拾い方を覚える	壁に激突しないように注意させる
7分	車椅子でのハーフコート3対3[2] ・ゴール下でシュートできない時は、後ろに戻してシュートできるようにする	・後ろから声をかけることを習慣化する	守りから攻めになるときは3ポイントラインの外まで出るよう注意させる 見ている人はコートを越えてくるボールを投げ渡すようにする
10分	地面に足をつけたバスケットボール ・3人組ピボットとパス ・チーム練習	班別に課題練習を行う	すぐに4対4にならないよう、気をつける
10分	練習ゲーム ・5分ハーフ制で行う	カットインと1対1をゲームで使う	時間の管理を指示する

1) 車椅子での球拾いでは、拾ってからすばやくターンする。
2) 3対3では、シュートできないときは、後ろにもどしてシュートを狙う。

トボールの上手下手だけにとらわれなくてすみます。
- 車椅子操作が未熟な段階ではスピードがゆっくりなため、バスケットボールの上手でない人でもあせることなくルールや流れ、動きが比較的わかりやすくなります。
- ほぼ全員が車椅子の操作に手間取るため、相手に合わせてパスをするという親切なプレイが必要になってきます。ボールの受け手が悪いと言い切れなくなり、丁寧にパスをするようになるわけです。
- ルールのあり方がプレーヤー（参加者）で変わるものだという、ルールそのものを考えるきっかけになります。

(3) 学習のねらい

＜従来のバスケットボール＞
- カットインからのシュートを体得し、同時にアイコンタクトを使うよう心がける。
- バスケットボール独自のピボットを使って、シュート、パス、1対1を行えるようになる。
- ゴール下のジャンプシュートが的確にできるようになる。

- お互いに教え合うことでコミュニケーションをとれるようになり、同時にわかることとできることの一致を図る。
- セルフジャッジでゲームを運営することで競争重視でないことを明確にする。

＜車椅子バスケットボール＞
- 車椅子操作の技術習得をめざし、新しいスポーツに挑戦する。
- 障害者との心理的距離を縮める。
- 丁寧なパスを通して、相手を思いやる心を育てる。
- ルールをプレイヤーに合わせ変更し、作り上げるようになれる。

(4) 学習の展開と本時（表2-1）
- オリエンテーション（車椅子操作の注意と操作）
- 車椅子スラローム／車椅子ターン／車椅子ウイリー／車椅子操作／車椅子球拾い
- ランニングシュート（お腹の上でボールを構える）／ランニングシュート／球拾いからシュート
- ハーフコート3対3ゲーム／リーグ戦
- 車椅子操作スキルテスト（ウイリー挑戦、コーン3個を使ってのスラローム往復、転がっているボールをホイール利用で球拾い）

(5) 問題点
- 授業を分割して車椅子と通常のバスケットボールを行った結果、どちらも中途半端であったと考えられます。それらは、生徒からの感想文からも出てきています。
- フルコートでの車椅子バスケットボールを考えていたのですが、ルーズボールを追いきれないようなので、ハーフコートに変更しました。
- 当初はシュートが届くようになると思っていましたが、どうしても届かない生徒がでてきました。
- 生徒の持っているバスケットボールの理解は、ゲーム志向、勝敗への執着へと偏っていて、それを完全に打ち崩すことはできませんでした。

3）ルールの変更

＜車椅子バスケットボール＞
- ボールの大きさを7号から6号に変更しました。
- 3秒オーバータイム、トラベリングなどバイオレーションを採用しませんでした。
- サイドライン、エンドラインをなくしハーフコートゲームにしました。
- 得点は、バスケットに入ると5点、リングにあたると3点、ボードにあたると2点、ネットにあたると1点とし、2カ所以上に当ったときは最大の点をもってポイントとしました。

2．評 価

(1) ねらい（新しいスポーツへの挑戦・仲間・ルール・障害者への距離感）についての生徒の感想

> ・「勝敗への執着心は変わらないが、新しいスポーツへの挑戦としては評価できる。」
> ・「ボールを一度落とすとかなり面倒なので、丁寧なパスはうれしかった。」
> ・「自分で車椅子を使うことによって、車椅子が自分と身近なものに感じた。」
> ・「自分たちがやりやすいようにルールを変えていくことによって楽しくやることができて良かった。」

(2) 授業者の評価

　　車椅子バスケットボールを従来学習してきたバスケットボールと同じスポーツだと認識している生徒は少なく、ほとんどの者は新しいスポーツだと考えているようです。ルールの変更に関しても非常に柔軟にとらえていて、サイドラインやエンドラインをなくした時も、生徒の側から「ラインがあると球拾いができないからなくそう」という声があがってきたくらいでした。当事者による当事者のためのルール作りができていたと評価しています。

　　もちろんまだまだ詰めていかないといけない所も多いのですが、車椅子バスケットボールを教材として入れていく意義はあると思います。生徒の発言からも「車椅子が自分と身近なものに感じた」という感想が出ていました。これはあくまで持論ですが、一般的に行われている車椅子体験での「障害者理解」よりも、スポーツや遊びを通してできることとできないことを学ぶ方が「多様な存在と共生」には効果的だと考えます。「理解」では、相手の側に立っていないように思えます。相手の側に立つには共に時間を過ごすことが大切で、今回の車椅子バスケットボールは、そこに向けた第一歩だと思います。体育だけでなく総合学習に最適な教材の一つであることも確かです。さまざまな所から垣根を低くする作業が進めばよいのではないでしょうか。

【貴志　　泉】

4 知的障害養護学校における逆統合保育の試み

1．附属大塚養護学校幼稚部の逆統合保育の試行

　　昭和35年に東京教育大学附属小学校第5部（2学級）および附属中学校特殊学級（2学級）を母体として養護学校が認可されました。幼稚部は、昭和38年に1学級（5歳児）が新設され、翌39年に1学級（4歳児）が新設されて現在に至っています。私立の愛育養護学校に次いで全国で2番目に設置された幼稚部であり、現在の学部定員は2学級10名です。

　平成元年度の幼稚園教育要領の改訂にともない、新たに「幼稚部教育要領」が制定されたこと、それに基づく本校幼稚部の教育課程改訂の研究および生活の質（QOL）の研究に取り組んだことにより、今後の幼稚部教育の課題と方向性を明らかにしました。こうした一連の検討の中で、健常幼児との交流・統合が重要な課題であることが一層明確となり、各地での先進的な取り組みを視察しながら、本校独自の統合保育のあり方を模索するという過程で、平成3年度3学期より試行的な統合保育を開始しました。

1）幼稚部における統合・交流保育の諸条件

　　従来の統合・交流保育の形態では幼稚部幼児にとって、以下のような教育環境および実施上の問題点が出てきます。
　　・指導者が替わる。
　　・教室や遊び場等の物的環境が変わる。
　　・教育課程（指導内容）が変わる。
　　・統合・交流の日程や形態が協力園の都合に左右される。
　そこで、これらの問題を解消し、幼稚部幼児の実態に即した統合保育を実施していくための前提条件として以下の5点をあげました。
　　①幼稚部の教育環境を統合の場とすること
　　②継続可能な日常的な統合であること
　　③幼稚部幼児、健常幼児双方の保護者の理解が得られること
　　④幼稚部幼児、健常幼児双方の教職員の理解が得られること
　　⑤研究活動の一環として行うこと
　特に、①は環境適応能力に障害がある幼稚部幼児が他の園に出かけていく一般

表2-2 年度別幼児数

年度	在籍児	健常幼児数
平成 3	9	2（5、6歳児）
4	7	3（3、6歳児）
5	9	3（3歳児）
6	8	5（3、4歳児）
7	7	5（2、3、4歳児）
8	7	7（3、4、5歳児）
9	7	4（3歳児）
10	6	6（3、4歳児）
11	8	6（3歳児）
12	8	4（3歳児）

表2-3 幼稚部週時程

曜日	月	火	水	木	金
9:15〜9:45	個別指導				
	登校				
9:45〜10:50	学校での指導・朝の支度（衣服の着脱, 排泄, 片付け）				
	自由あそび				
10:50〜11:00	朝の集まり（シールはり, 歌など）				
11:10〜11:50	朝の集まり	設定保育			
		『体育』	『造形』	『体育』	『造形』
11:50〜12:00	排泄, 移動, 手洗い				
12:00〜12:50	給食（準備, 後かたづけ含む）				
12:50〜13:30	帰りの支度 集まり	自由遊び			
		帰りの支度（着脱, 排泄等）			
13:30〜14:00	下校	集まり			
		下校			

的な交流形態では、その園の人的、物的環境に慣れることに時間を費やしてしまうため、幼児の生活の場である幼稚部をそのまま統合の場とすることが望ましいことから、重点条件として設定したものです。平成3年3学期から平成5年3学期末までの試行では、②の条件については、週に1、2回（水、金曜日）の交流（部分統合）でした。

2）統合保育の実際

（1）統合形態と統合試行期間

幼稚部幼児の中に健常幼児が加わり（表2-2）、幼稚部の日課（表2-3）に則して、1年間、共に活動します。幼稚部は2年保育で年少組と年長組の2学級に分けますが、朝と帰りの着替えと給食だけが学級別活動で、自由遊び、集まり、設定保育「体育」「造形」など主だった日課はすべていっしょに活動します。

（2）指導体制

教員4名、非常勤講師1名（水・金曜日）

（3）健常幼児受入れの手続き

10月　次年度の統合希望児の募集と統合継続の確認
　　　学校参観および面談、個人調査票への記入
12月　年末の「お楽しみ会」、「新年会」に親子を招待する
2月　週1〜2回の「慣らし保育」を学期末まで継続する
3月　健常幼児の受入れ決定
4月　幼稚部入学式に新入生として登校
　　　（統合継続幼児は入学式より2日前の始業式より登校する）

（4）学校側の条件整備

学校側の条件整備としては以下の点です。
①学用品や教育上必要な持ち物（ロッカー、カバン、上履き、箸箱セット、タ

オル、持ち物袋、お天気シール帳、連絡帳、スモック、体操服）などは、在籍児とすべて同じものにする。
②給食を正規の手続きで配食する。
③身体計測、各種検診（内科、歯科、眼科、心電図）を在籍児と一緒に受ける。
④健常幼児の保護者はPTAに加入し、学校行事、部行事、PTA行事のすべてに参加する。
⑤PTA加入の傷害保険に加入する。
⑥個人面談、家庭訪問も同一に行い、学校便り、部便りなどの配布物はもちろん通知表も同一書式で保護者に渡す。

3）保護者、公開保育参加者、教員の思い・意識に関して

これまでの試行の過程で保護者や公開保育参加者に対して繰り返し逆統合保育に関するアンケート調査を行ってきました。ここでは、それらの回答内容を要約して報告します。

（1）在籍児保護者の意識

本校の逆統合保育の良さとして、まずあげられていることは、健常児との触れ合いの機会となる、刺激を受ける、言葉の伸び、子ども同士の理解が広がるなど健常児と一緒にいることの良さであり、行動面での成長（刺激を受ける、模倣する、意欲が育つ）、能力・機能面の成長（社会性、言葉、対人関係、生活習慣、運動、遊びなどの成長・発達）など通常の交流や統合保育の良さと共通している声が多いことです。

「普通の保育園では、たくさんの子ども達の中に1人か2人、能力・体力の差も大きく、障害児が先生といることが多いですが、こちらでは子どもごとに自由に活動ができる」、「活動などを障害児に合わせるだけでなく、障害のある子もない子も無理なく本人のことを大事に育ててくれる」など小集団（11～14人）で教員が多い（4名プラス非常勤1名）本校の逆統合保育の良さを指摘する声もあります。

一方、不安な点や疑問の点としては、「遊び場面では健常児と障害幼児が分かれてしまうのではないか」「遊び相手が決まってしまって良い影響をみんなが受けているかどうか」「どんな気持ちで健常の子どもを入れているか」「4、5歳児にもっといて欲しい」「小学部には統合がない」などがあげられます。

（2）健常幼児保護者の意識

「障害児と健常児の数に偏りがないこと」「すべて同じようにしていること」「すべて健常児も楽しめる内容になっていること」「自然さ」「個を大切にする」などが良さとしてあげられています。不安点・疑問点としてあげられたのは、「障害児の親とのかかわりや親の思い」「障害児やその親への接し方がわからない」「健常幼児の立場が不安定」などです。

また、要望や感想として、「子どもがではなく、私もいろいろ勉強させてもらっている」「逆統合保育にきていただいてありがとうと言われるが、一緒に保育させてもらって喜んでいるのでかえって恐縮する」「初めて経験する社会集団生活の場として、とても恵まれている」
などの声もありました。

(3) 公開保育参観者の意識

公開保育（年間1～3回）には、保育関係者、教員、保護者、学生など毎回80～130人ほどの参加者があります。毎回参加者の30～45％程度のアンケートを回収してみると、内容は、ほぼ同様なものになっています。ここでは、平成8年度10月の第2回（年3回実施）の参加者から回収したアンケートについて報告します。参加者は、84名でアンケート回収数は48名です。

主な回答は、

- どの子も楽しそう、明るい、生き生きしている、のびのび、自然（**32名**）
- 教員の表情が豊か、明るい、楽しそう、のびのび、うまさ、連携・分担の良さ、ベテラン、的確な動き、一人ひとりにあった対応、綿密な計画と指導技術の高さ、無理に関わらせようとしない。（**20名**）
- 男の先生がいて頼もしい、精神的安定につながる。（**2名**）
- うまく音楽を取り入れている。
- 椅子を使った運動を是非取り入れたい、良かった。（**3名**）
- 非常に恵まれた環境で、運のいい子ども達が幸せそうに過ごしているのが羨ましい、子ども達の10年後20年後の姿を見たい。
- 四つの場面で子ども達を見て幼稚部が特異な所ではなく、普通の環境と同じだと思った。
- 自分の指導の仕方で迷いの出ていたことへの確信が持てた、仕事に持ち帰ることがたくさんあり、自分なりの使い方をしたい。
- 前回の公開保育に参加、4カ月が過ぎ、子ども達の成長を見ることができました。
- 障害児と健常児の関わりを増やそうということにとらわれ過ぎなくとも良いのかなと思うようになりました。
- 子どものからだを動かすためのプログラムが多く取り入れられていると思いました。
- 人はそれぞれ生き方（個性、好きなこと、得意なこと）が違うのだという「あたりまえのこと」をあらためて学ばせて頂きました。時々、「胸がキューン」となりました。外へ出ての授業はどの子がどの子（健常者も障害者も）ということがないのだということをあらためて強く感じました。ただ、単なる「違いなのだ」というふうに。
- 12名の子どもに先生が4人いらして非常に恵まれているように思いました。

- 保育園と違い、少人数で空間も思い切り使えるなと感じました。
- 統合保育の中にいると、みんなの行動を乱すとき、別行動をとらなくてはいけない場面がありますが、それがないので場面いろいろをゆっくり経験できて良いなーと思えます。
- 障害のない子に無理なく、押しつけなく、感覚で覚えていける、これはとてもよいですね。
- 遊びより、集まってみんなで課題をこなす時間の方が遙かに長かったのに、どの子も集中していて今日までの積み重ねを伺い知ることができました。
- 個々の出来具合に焦点が当たる部分、ねらいとして（体育だったこともあり）かかわり合いや育ち合いをどう押さえているかを知りたいと思います。
- でも、やはり遊びの時は自然に分かれてしまう。
- やはり、健常児が固まって遊んでしまっている気がした、先生が障害児にかかりきりになってしまうと健常児が寂しそうな場面がありました、仕方がないがフォローも必要。
- 新聞を読んで健常児と障害児がもう少し交流があるかと思いましたが、たった一日ではあまり感じることができませんでした。
- 健常のお友達が常に固まって活動しているのが気にかかりました。
- 遊びの中で健常児と障害児の交流（関わり）は少ないもの。

(4) 教員の意識

　10年間の試行の中で延べ13名ほどの教員がかかわってきました。それぞれの教員が感じてきたことに微妙な違いはありますが、共通していることは「楽しかった」、「勉強になった」ということです。健常幼児は、良きモデルとなり、大きな刺激となりました。在籍児は、私たちがさまざまな道具を使って楽しそうに見せることよりも、健常幼児が楽しんでいることや夢中になっていることに興味を抱きました。同世代の子ども同士の魅力に大人のかかわりなどは勝てないことに気づかされました。私たちは、子ども達が相互に影響を受け、遊びも学習活動も広がりと深まりが増すことを痛感しました。

4）逆統合保育の中での体育・運動

(1) 設定保育「体育」の指導内容（表2-4）

　設定保育「体育」では、準備運動として毎回「体操」を行い、次いで「移動の運動」から5、6種類の運動を行います。運動遊びは、1カ月ないし2カ月程度の期間行います。平成3年以降試行してきた逆統合保育の中でも繰り返し指導してきた内容です。

(2) 自由遊びでの運動

　室内では、トランポリン、巧技台、跳び箱とマット（跳び降り遊び）、滑り台、三輪車、脚こぎ自動車、リヤカー引き（友達やおもちゃを運ぶ）、追いかけっこ、

表2-4　本校幼稚部における設定保育「体育」の指導内容

体操	〈椅子に腰掛けての体操　写真2-6〉首の上下・左右・回転運動、肩の上下運動、手首の振りと捻転、腕振り、腰の捻転、ステッピング、膝の屈伸、足首の回旋と屈伸 〈椅子から離れての体操〉腕の回旋、揺りかご（背筋の運動）、上体そらし、前屈、脚上げ、V字バランス、ブリッジ
移動の運動	〈這　う〉這い這い、四足歩き（高這い）、アザラシ歩き、手押し車 〈歩　く〉並足歩き、後ろ歩き、爪先歩き、踵歩き、横歩き、しゃがみ歩き、膝歩き 〈走　る〉かけあし、走って止まる、かけっこ 〈跳　ぶ〉その場跳び（両足跳び）、後ろ足けり（馬跳び） 〈転がる〉横まわり、でんぐり返り、起きあがりこぼし 〈登る・降りる〉斜面の登り下り、階段の昇り降り
運動遊び	〈マットと巧技台を使った運動遊び〉4、5月 　マット、各種巧技台、滑り台、平均台、跳箱、はしご、トランポリン、トンネル 〈プールでの運動遊び〉6、7月 　仮設簡易プール、ビニールプール、バケツ、ホース、水鉄砲、じょうろ 〈運動会の練習〉行進、競技演目の練習 　行進、ラジオ体操、競技演目・ダンスなどの練習 〈風船を使った運動〉10月 　風船（大小各種）、ラケット 〈ボールを使った運動遊び〉11、12月 　ボール（大小各種）、的当て、ボールを投げる・蹴る・捕る 〈新聞紙を使った運動遊び〉1月 　新聞紙をちぎる、破る、撒く、跳躍して取る、丸めた新聞紙を跨ぐ、跳びこす 〈シートを使った運動遊び〉2、3月 　大型シート、歩く、跨ぐ、くぐる、波をつくる、風船や紙を巻き上げる

写真2-6　椅子に腰掛けての体操

かくれんぼなどが主な道具と運動内容でした。室外では、自転車や三輪車乗り、総合遊具の昇り降りや滑り台、ブランコ、遊動円木、砂遊び、水遊び、追いかけっこ、かくれんぼなどでした。

(3) 健常児が運動に加わることの効果

　　健常児が手本となり模倣のよきモデルとなります。健常児が集合すれば、自然にみんなが集まり、体操も各種運動も健常児が元気に楽しそうに動いていれば、それがモデルとなります。かけっこのとき、健常児が線に並べば自然に一列に並べます。手をつなぎ合えば簡単に輪ができます。組になるダンスもパートナーチェンジも健常児が入ることでスムーズに運動が連結していきます。全体の動きが

よくなり、まとまって動いたり、運動ができるようになると楽しさが倍増し盛り上がります。

2．逆統合保育の評価

　幼稚部を巣立った健常児は、ほとんどが近隣の区立小学校に通学しています。4年生になった女子2名は、放課後に遊びに来たり、学期の終わりに通知表を見せにきたりしますが、他の子達は本校の運動会、学芸会、バザーなどの行事に父母と連れだって遊びに来るぐらいのかかわりです。保護者からお話を聞くと、ごく普通の小学生をしているとの返答でした。自分の学校の障害児学級を覗きに行ったりすることもあるようです。同窓会をやろう、その後の様子を追跡調査しようという声があがっていますが、残念ながら今のところ実現していません。

　逆統合保育が開始されると、健常児の遊びの輪へどんどん入っていく子、遠巻きに眺めている子、関心がないように見える子の3通りの反応が常にありましたが、教員と在籍児だけのかかわりの中では生まれてこない大きな反応がありました。ある日の連絡帳に「今日は体育で跳び降りの運動をしたのですか。帰宅後、風呂場のマットを引っぱり出して、椅子の上から何度も跳び降りていました」との記述がありました。それは体育ではなく、自由遊びの時間に健常児と一部の在籍幼児が夢中で取り組んでいた遊びだったのです。当該児は、あまり興味なさそうで別の遊びをしていたように見えましたが、内心は魅せられていたのでしょう。この種のエピソードは枚挙にいとまがありません。一緒に歌うこと、踊ること、名前を呼び合うこと、給食を共にすること、一つ一つの活動がもたらす喜びや感動が、健常児が入ることでこんなに大きくなることを、今更のように感じました。みんなで手をつなぐと大きな輪ができました。教員にとっても、そんなことが新しい発見であり、感動でした。大きな輪は、「ひらいたひらいた」、「花いちもんめ」や「通りゃんせ」につながりました。こうした遊びの発展の中で見せる一人ひとりの喜怒哀楽とその表情に、教員も心から共感することができました。幼稚部隣の事務室職員からも「毎日元気な声が聞こえるね。前と違うね」と言われるようになりました。健常児の保護者からも「毎日走るように学校に来るのは、よっぽど幼稚部が楽しいんでしょうね」という話を聞きます。そうした評価にわれわれ教員は励まされました。また、年間3回の公開保育を実施し、保育関係者や保護者から現状のあり方や今後の対応について広く意見を聞くことができたことが、今の幼稚部の実践を支える力となっています。今後も、集団の中で一人ひとりが大切にされる保育をめざしたいと思っています。　　　　　【神田　基史】

3章
授業に生かせるスポーツの指導法

障害のある児童・生徒への体育・スポーツの指導はどのようなことに気をつければよいのでしょうか？

3章では、障害に応じた指導のポイント、留意点を障害ごとに簡明に解説しています。

授業計画と指導のポイント
　　・肢体不自由児の授業計画と指導のポイント
　　・視覚障害児の授業計画と指導のポイント
　　・聴覚障害児の授業計画と指導のポイント

授業計画と指導のポイント

1．肢体不自由児の授業計画と指導のポイント

1）肢体不自由について

　「肢体不自由」とは肢（上肢、下肢）、つまり手足のみが不自由ということではありません。体（体幹）つまり胴体に不自由があることも含まれています。そして、不自由とは「意のままにならない」ということです。そこには、力が入らなくて動かしたいのに動かせなかったり、力が入りすぎ思うように動かせなかったり、動かしたくないのに動いてしまったり、安定した姿勢がとれずふらついてしまったり、関節や骨の障害により動かすことに制限があったりするなど、さまざまな不自由さが含まれています。「意のままに動く」には中枢神経である脳（大脳、小脳、脳幹）や脊髄、末梢神経（運動神経、知覚神経）、筋、骨・関節のすべてが正しく機能する必要があります。形態、機能のどこに障害があっても自由さは失われてしまうのです。脳障害による肢体不自由には、脳性麻痺、脳血管障害、脳炎後遺症、水頭症などがあり、脊髄の障害には、脊髄損傷、二分脊椎、末梢神経の障害には遺伝性末梢神経症、関節の障害には先天性多発性関節拘縮症、筋の障害には脊髄性進行性筋萎縮症、筋ジストロフィー症、骨の障害には骨形成不全症などがあります。

2）指導計画作成上の留意点

　体育の指導計画作成に際しては、基本的な理念として肢体不自由児の体育という特殊な活動があるのではなく、通常の体育、スポーツ活動に対して特別なニーズを持つ児童・生徒が参加するという考え方が必要だと思います。最近では障害児の教育、普通児の教育という二分法でなく、特別な教育的ニーズを有する児童・生徒の可能な限り最大限の発達を保障する「特別なニーズ教育」の考え方が提案されてきています。体育においても障害のある児童・生徒の特殊性だけに目を向けるのではなく、一人ひとりのニーズに応じて誰もが楽しめるような工夫をしていくことが大事になると思います。また最近、体育の目標が、これまでのように技能を習得することや競技力を高めることを主とした視点から、楽しさ（Fun）、健康（Fitness）、交流（Fellowship）の3Fを中心に考える傾向に変化してきています。

指導計画の作成のためには、それらの点を背景とし、さらに以下のようなことを配慮するとよいでしょう。

①体育・スポーツの楽しさ、達成感、満足感を満たすことを第一に考えます。体育・スポーツ活動の楽しさには、運動欲求を満たすことや課題を達成した喜び以外にも、新しい運動経験をする、運動文化に触れ、知識を得る、スポーツの試合や演技を鑑賞するなどの楽しさが含まれます。

②体育活動が心身の健康や発育、発達に寄与できるのは当然ですが、脳性麻痺などの中枢性障害のある児童・生徒にとっては、さらに動きを洗練化したり、多様化したりするなどの動きの発達の機会を提供します。また、二次障害の予防にも役立ちます。障害の重い児童・生徒にとっては環境の認知や、身体調整の力を高めることも、ねらいの一つとなります。

③集団活動を大切にし、その中で個別的な指導や配慮を工夫します。肢体不自由のある児童・生徒の場合、日常的に個別的な指導を受けることが多く、逆に大きな集団での活動経験が多くありません。体育活動を通して集団の楽しさを感じ、友達や指導者とのコミュニケーションを深めることは大切です。また集団活動の中で、ルールを守る、協力する、役割を果たすなどの社会性も養うことができます。

④体育には卒業後の生活の質（QOL）を豊かにするために生涯スポーツの基礎を培う使命があります。そこで、学校期の体育活動は特定のスポーツに偏ることなく、選択の幅を広げるために多様な種目を教材として取り入れていくことが大切です。そのためには、競技スポーツ以外にも地域で行われているニュースポーツやレジャースポーツ、セラピー的な活動など幅広い視点で教材を選択することが必要になります。

3）既成の体育、スポーツ種目の適応

選択した教材を指導する場合は、既成のスポーツの内容に児童・生徒を合わせるのではなく、児童・生徒の障害の状態に応じて指導の内容や環境を工夫、修正する必要があります。このような考え方を「Adapted」と呼んでいます。「Adapted」の要素には用具、ルール、技能、施設等があります。図3-1に既成の体育、スポーツ種目の「Adapted」の手続きを示しました。既成のスポーツを教材とする際、個々の障害の状態を考え合わせると、そこに特別なニーズがでてきます。そのニーズを満たすためには課題を分析し、下記に示したように、用具、ルール、技能、施設などを工夫変更しなければなりません。実践指導の後、評価をして必要ならば再び同じような手続きで調整を行います。このような考え方で指導内容、方法を工夫すれば、小・中・高等学校において肢体不自由のある児童・生徒が体育に参加できる可能性が広がると考えられます。

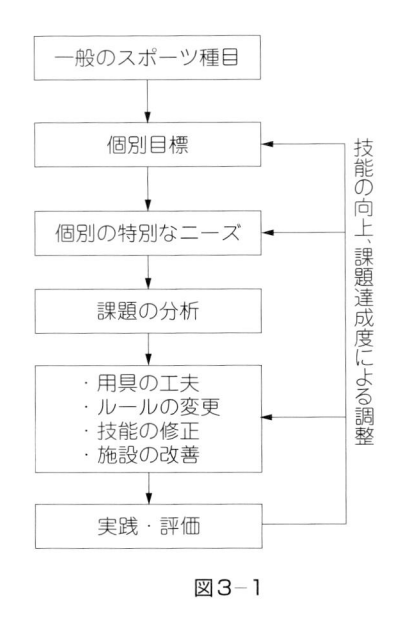

```
一般のスポーツ種目
    ↓
  個別目標  ←┐
    ↓       │技
個別の特別なニーズ ←┤能
    ↓       │の向上・課題達成度による調整
  課題の分析 ←┤
    ↓       │
・用具の工夫 ←┤
・ルールの変更│
・技能の修正  │
・施設の改善  │
    ↓       │
  実践・評価 ←┘
```

図3-1

（1）用具の工夫

　用具の大きさ、材質、色、構造などを工夫します。例えばボールのサイズを大きくして打ちやすくしたり、材質をスポンジにしてつかみやすくしたりします。ラケットやバットなどは形状や握りを工夫して打ちやすいようにします。ボールを投げることが困難な場合はボール発射装置や傾斜台などの補助機器を使用します。また、リレーのバトンに紐を通し輪にすることで、クラッチでも持ちやすくするような、ちょっとした工夫でも活動の幅を広げることができます。

（2）ルールの変更

　障害の状態に合わせてルールを設定していきます。誰もが安全に楽しめるような展開を児童・生徒の自主的な判断で考えていくことがルール変更の基本となります。できれば、勝敗にこだわったルールではなく、仲間と一緒に参加できることが楽しくなるようなルール作りの視点を持つとよいでしょう。場合によっては、ゴルフにおけるハンデのように、個人の技能の段階に合わせてルールを細かく変更する場合もあります。具体的には、リレーで走る距離を変える、野球で打者の代走を認める（99頁参照）、ドッジボールで車椅子の前輪にボールが当たったらキャッチしたことにする、等の例があります。

（3）技能の修正

　既成のスポーツ種目に必要とされる運動技能は障害のない人を対象として考えられたものです。したがって障害の状態に応じて技能を修正する必要があります。例えば、バスケットボールでは車椅子に座った状態でのシュートの技能を工夫することや、腕に麻痺がある場合は、効果的にボールを投げることのできるフォームを考案する必要があります。また、バランスの保持や空間の認知が困難な児童・生徒の場合は、その活動範囲を3次元空間から2次元平面での活動に変更する必要があります。ゴロ卓球（117頁参照）やゴロバレーなどはその例です。

（4）施設の改善

　安全性や指導の効率を高めるために施設の改善は重要です。例えば、車椅子がぶつからないようにコートの周りを広くとったり、壁やゴールポストに柔らかい素材を張ったりすることで危険性が減り、児童・生徒が思い切って活動できるようになります。また、プールにスロープを設置することやトランポリンの周りに台を設置することで介助者の負担が減り、同時に児童・生徒の安全性が高まり、活動の時間も増えることになります。

4）指導上の注意点

（1）医学上の注意事項は事前にチェックしておきましょう

　　肢体不自由のある児童・生徒は、運動機能の障害以外に心臓や腎臓等の内臓障害やてんかんの障害等を併せ持っている場合があります。その場合、授業を始める前に医学的な注意事項を保護者や主治医から学んでおく必要があります。他にも、水頭症で頭部にシャントという管を入れている場合は、頭部を揺らしたり、大きな刺激を与えたりしない、二分脊椎症で背中に脊髄髄膜瘤というこぶがある場合はそこに強い刺激を与えないなど、障害の特性に応じた医学上の注意事項は事前にチェックしておいて下さい。

（2）達成感が得られる指導を行いましょう

　　肢体不自由のある児童・生徒は、失敗することを恐れて活動への取り組みが消極的になったり、活動の結果に対して自信が持てなかったりすることがあります。それが運動嫌いに結びついてしまうこともありますので、達成感が得られるような課題を設定して下さい。指導場面では、できる楽しさや目標を遂げられた喜びを感じさせられるようにします。そうしたことの積み重ねにより自信が生まれ、さらに向上するための意欲が育ちます。

（3）プレッシャーをかけないようにしましょう

　　障害のない人でも試合になると、あがってしまって本来の力が発揮できないことがあるように、脳性麻痺等の中枢性障害では、精神の状態が運動の技能に大きく影響を与えてしまうことがあります。これは、精神的な緊張が不当な筋緊張や不随意運動を誘発してしまうためと考えられています。そのため、安定した力を発揮することができず、記録や成果に波が見られることがあります。指導場面では精神的なプレッシャーを与えないようにして精神的安定に配慮した指導が必要となります。

（4）チャンスはのがさないようにしましょう

　　肢体不自由がある児童・生徒は、技能を習得するのに障害のない者に比べて時間がかかることが多いようです。また、技能習得のきっかけをつかむことが苦手な者もいます。その場合、技能の習得をあせることなく、じっくり取り組みながら、できそうなタイミングを見逃さないようにしましょう。また、よいタイミングで適切な声かけをすることは指導の効果をあげる上で重要です。

（5）指導の方法は柔軟にしましょう

　　課題がうまく達成できない場合、児童・生徒の努力や能力が足りないと思う前に、指導の方法が悪いと考えて、やり方を変えてみましょう。時には、障害のない児童・生徒にとって正しいとされているフォームやタイミングが、障害のある児童・生徒には当てはまらない場合もあります。固定観念にとらわれず、常に柔軟な対応を心がけましょう。

（6）運動の負荷に注意しましょう

障害の状態によって運動負荷の種類や量を考えてください。例えば、脊髄損傷の児童・生徒は車椅子からトイレやベッドに移乗することを目的としたアイソメトリックのトレーニングが必要ですが、筋緊張の強い脳性麻痺の児童・生徒は屈筋と伸筋を同時収縮させるようなトレーニングは適切ではありません。また、筋ジストロフィーの障害の場合、筋疲労は筋の萎縮につながることがありますので、運動の負荷を与えすぎないよう注意しなくてはなりません。　　【松原　豊】

2．視覚障害児の授業計画と指導のポイント

1）視覚障害について

視覚障害は、視機能（視力・視野・色覚など）が低下する障害で、運動の成績に影響を及ぼすことから、競技スポーツの上では、三つの区分に分類されます。しかし、体育の場面では、多くの場合「全盲」と「弱視」の二つにわけます。文字でいえば、「点字使用」と「墨字（一般の活字）使用」であり、陸上競技の場合はトラックのラインを見て走るケースとそうでないケースです。空中をとぶソフトボールやバレーボールを目で追うことは、ほとんどの場合困難です。

一般に、盲学校に入学できる視力は、0.3未満が原則となっています。しかし、いわゆる「近視眼」の場合とは、見え方がまったく違うので、視力はあくまで参考に留めておいたほうがよいでしょう。特に「弱視」の見え方は、千差万別です。多くの場合は、視野欠損をともなっていますので、同じ見え方というのはないと思ったほうがよいほどです。また、「全盲」といってもまったく見えない場合や、光や影がわかる場合などさまざまなケースがあります。

視覚障害の原因としては、疾病や事故などが考えられ、いずれにしても晴眼者（せいがんしゃ）に比べて眼への刺激（直接的な接触だけでなく、光や乾燥なども含む）に弱い場合がほとんどです。

2）指導計画作成上の留意点

基本的な点は、肢体不自由の項目と同じです。

盲学校の場合は、地域・障害・発達などの特性にかなり違いがあるため、画一的なパターン化された指導計画は設定しづらく、児童・生徒の発育発達特性に応じた柔軟な指導計画を作成することが重要です。

3）指導内容、主な教材

中学・高校の場合、盲学校で扱う体育教材は、次の三つに区分できます。
①盲学校独自に開発されたもの
②一般の教材を盲学校向けに改良したもの

③一般と同じもの

現在、盲学校で多く取り入れられている教材は、陸上競技、水泳、体操（マット運動・トランポリン）、フロアバレーボール、グランドソフトボール、サウンドテーブルテニス「STT」、縄跳び、ゴールボールなどです。フロアバレーボール、グランドソフトボール、盲人卓球、ゴールボールは、盲学校だけで実施されている教材で、視覚障害者向けに開発されたものです。このほか、スキーやスケート・ダンス・格技（主に柔道）などを実施している学校もあります。

小学部では、ころがしドッジボールや一輪車なども実施しています。

4）指導のポイント

（1）用具の工夫

対象物をわかりやすく（ボールに鈴を入れる、ゴールで音を鳴らすなど）することが必要です。また、明暗のコントラストがはっきりしているほうが見えやすいので、できるだけきれいなボールを使用するなどの工夫をしましょう。

（2）ルールの変更

伴走を認めたり、占有ゾーンを設けるなどの例があります。また、高跳びのバーが見えやすいように、バーに白い布をかけたり、リレーのバトンを使わずにタッチで実施するなど、既存のルールにこだわらずに、競技特性を活かしながらルールを変更することが可能です。

（3）技術の適応

まずは適切な言葉を使用することが大切です。例えば、「もっと前」より「1歩前」と言った方が具体的でわかりやすくなります。しかし、技術的な指導が細かくなればなるほど、言葉での指導には限界が出てきます。その場合に大切なのは、いわゆる「手とり足とり」の指導です。例えば、ジョギングを指導するときは、腕振りや脚の運びを口であれこれ説明するより、手を取って一緒に走ることがもっとも効果的です。また、陸上競技のドリル（ももあげ歩行など）のような、基礎的な動きの反復練習を行うことも有効です（**写真3-1**）。

写真3-1

　　　　結果のフィードバックは、運動後できるだけ早く正確に行います。自分がどのくらい跳べたのか、どの方向へ投げたのかなどを知ることは、技術獲得の大きなヒントになります。

（4）施設の改善

　　　　体育館の壁やプールサイドの水面近くの床材を変えたり、点字ブロックを設置しておくと、衝突や転落を防ぐことができます。グラウンドや体育館の床面はできるだけフラットにしておき、支柱やボールかごなどが放置されたままにならないよう用具置き場は別に設けましょう。

　　　　「弱視」の場合、グラウンドや体育館にいくつもラインが描いてあると見えにくいので、必要なラインだけを引くようにします（体育館のようにすでにラインが引いてあるときは、フロアと同色のラインテープで不要なラインを消します）。「全盲」にとっても、ラインが足や手で触って確認できると（ラインテープは大丈夫）助かります。

5）指導上の注意点

（1）事故防止のために

　　　　視覚障害のある児童・生徒の体育指導でまず最初に注意しなければいけないことは、衝突などの事故を未然に防ぐことです。そのために次のような点に留意します。

　　　①運動の順序や待機場所・動線（待機場所から運動場および、運動終了後の移動に関する具体的な動き方）。特に運動後の動線（マット運動の例；試技後、マットの右側に出てマットに沿って戻り、列の最後尾に並ぶ）は、明確にしておきます。

　　　②運動の開始は、はっきりと声で合図しましょう。例えば、走り幅跳びの旗の合図を遠方から視認することは困難です。

　　　③本人・保護者および担当医と十分連絡を取って、実施してよい運動とダメな運動や、医療上注意することなどをあらかじめ把握、確認しておきます。

（2）具体的な言葉で

　　　　指示語はできるだけ具体的で簡易な言葉を使います。

（3）補助具の使用

　　　　サングラスや保護メガネ（アイシェード）などの補助具を有効に活用し、できるだけ多くの種目を経験できるように工夫します。

（4）個人差の考慮

　　　　視力の低下した時期や程度によって、視覚経験や運動経験に大きな個人差が生じます。前述したように「見え方」も個々で違いますので、指導者はよく観察・分析し、運動の機序と発育・発達に沿った「個に応じた指導」を心がける必要があります。

【原田　清生】

文　　献
1）全国盲学校長会編：視覚障害教育入門Q＆A．p74-91，ジアース教育新社，2000．
2）障害者スポーツ協会編：障害者スポーツ指導の手引．ぎょうせい，2000．

3．聴覚障害児の授業計画と指導のポイント

1）聴覚障害について

　　聴覚障害のある児童・生徒は、各聾学校、難聴学級、聞こえの教室などのように実態はさまざまですが、大まかにとらえれば、「音がまったく聞こえない」というわけではなく、補聴器を通せば「音をとらえられる」ものの、「音声はききとりにくい」といった者が多いように思われます。

　　聴覚障害のある児童・生徒の運動面での特徴は、次のように述べられています。基本的な運動能力では、「聾学校児童・生徒は、普通校児童生徒が『身体は大きいが力なし』といわれている以上に、体力・運動の能力がない」[1]と述べられています。特に、平均台歩きといった平衡感覚に顕著な違いがあることが、聴覚障害児の運動面での特徴です。

　　また、「多くの聴覚障害児は、友達、家族、あるいはその両方からも孤立していると感じている」[2]というような心理状態も存在します。そういった内面性を抱えていることを体育授業においても配慮すべきでしょう。例えば、自分が反則だと言われた理由がわからずに、プレーが進んでいくようだと、児童・生徒の中では疑いの気持ちが大きくなる一方だということです。

　　「障害児教育においてはまず教えるべき内容が決まっていて、それを子どもに押しつけていくのではなく、子どもの背丈に教える内容をあわせていく。正しく教える内容は、教師が指示できるものではなく、生徒が提示してくれるものである」[3]といった大原則をいつも頭の片隅におきながら、当然、体育の学習も進めていかなければなりません。

2）指導計画作成の留意点（個別指導計画等）

　　基本的な点は、肢体不自由の項目と同じです。

　　先述しましたとおり、まず、「体力・運動の能力がない」点に留意することは確かですが、このことが、運動が「できないこと」、「嫌いなこと」につながってはいけません。内面性への配慮からも、小さな達成感の積み重ねが大きなポイントといえるでしょう。もちろん、大きく差のある平衡感覚については、平均台などを授業の一部に取り入れ、その改善をはかるような配慮が必要となるでしょう。

3）指導内容、主な教材

　　表3-1は、筑波大学附属聾学校の年間指導計画の一部です。聾学校によっては、ダンスを取り入れたり、柔道を行ったりとさまざまです。

表3-1 保健体育年間教材配当表

部別	性別	学年	担当	4月 1週(7)	4月 2週(14)	4月 3週(21)	4月 4週(28)	5月 1週(5)	5月 2週(12)	5月 3週(19)	5月 4週(26)	6月 1週(2)	6月 2週(9)	6月 3週(16)	6月 4週(23)	6月 5週(30)	7月 1週(7)	7月 2週(14)
中学部	男子	1	内田	体操	体操	S・T	S・T	陸上競技	陸上競技	陸上競技	陸上競技	水泳	水泳	水泳	水泳	水泳	水泳	水泳
中学部	男子	2・3	内田	体操	体操	S・T	S・T	障害走（マット運動）	障害走（マット運動）	障害走（マット運動）	障害走（マット運動）	水泳	水泳	水泳	水泳	水泳	水泳	水泳
中学部	女子	1	●●	体操	体操	S・T	S・T	陸上競技	陸上競技	陸上競技	陸上競技	水泳	水泳	水泳	水泳	水泳	水泳	水泳
中学部	女子	2・3	●●	体操	体操	S・T	S・T	バドミントン	バドミントン	バドミントン	バドミントン	水泳	水泳	水泳	水泳	水泳	水泳	水泳

(1学期)

9月 1週(1)	9月 2週(8)	9月 3週(15)	9月 4週(22)	9月 5週(29)	10月 1週(6)	10月 2週(13)	10月 3週(20)	10月 4週(27)	11月 1週(3)	11月 2週(10)	11月 3週(17)	11月 4週(24)	12月 1週(1)	12月 2週(8)	12月 3週(15)
水泳	マスゲーム	剣道	剣道	剣道	剣道	剣道	剣道	剣道	剣道	剣道	剣道	剣道	長距離走	長距離走	長距離走
水泳	マスゲーム	タッチ・ラグビー（バスケットボール）	タッチ・ラグビー（バスケットボール）	タッチ・ラグビー（バスケットボール）	タッチ・ラグビー（バスケットボール）	タッチ・ラグビー（バスケットボール）	タッチ・ラグビー（バスケットボール）	タッチ・ラグビー（バスケットボール）	タッチ・ラグビー（バスケットボール）	タッチ・ラグビー（バスケットボール）	タッチ・ラグビー（バスケットボール）	タッチ・ラグビー（バスケットボール）	長距離走	長距離走	長距離走
水泳	マスゲーム	バスケットボール	バスケットボール	バスケットボール	バスケットボール	バスケットボール	バスケットボール	バスケットボール	バスケットボール	バスケットボール	バスケットボール	バスケットボール	長距離走	長距離走	長距離走
水泳	マスゲーム	マット・平均台運動	マット・平均台運動	マット・平均台運動	マット・平均台運動	マット・平均台運動	マット・平均台運動	マット・平均台運動	マット・平均台運動	マット・平均台運動	マット・平均台運動	マット・平均台運動	長距離走	長距離走	長距離走

(2学期)

1月 1週(12)	1月 2週(19)	1月 3週(26)	2月 1週(2)	2月 2週(9)	2月 3週(16)	2月 4週(23)	3月 1週(2)	3月 2週(9)	3月 3週(16)	人数
バレーボール	バレーボール	バレーボール	バレーボール	バレーボール	バレーボール	バレーボール	バレーボール	バレーボール	バレーボール	12
サッカー	サッカー	サッカー	サッカー	サッカー	サッカー	サッカー	サッカー	サッカー	サッカー	7+6 13
バレーボール	バレーボール	バレーボール	バレーボール	バレーボール	バレーボール	バレーボール	バレーボール	バレーボール	バレーボール	7
バスケットボール（バレーボール）	バスケットボール（バレーボール）	バスケットボール（バレーボール）	バスケットボール（バレーボール）	バスケットボール（バレーボール）	バスケットボール（バレーボール）	バスケットボール（バレーボール）	バスケットボール（バレーボール）	バスケットボール（バレーボール）	バスケットボール（バレーボール）	12+12 24

(3学期)

注　1. STはスポーツテスト（新体力テスト）
　　2.（　）は隔年で種目を変更
　　3. 9月第一週の水泳では着衣泳を実施

4）指導のポイント

(1) 用具の工夫

　　笛の音が聞こえにくいということや指示の声が伝わりにくいといったことから、聾学校では「教具としては、タイコ・旗・笛・移動黒板・掛け図・カード・VTR・鏡などを活用し、学習活動が活発に行われるよう工夫する」[4]ことが多くあります。

(2) ルールの変更

　　通常のルールを変更することはほとんどないと言ってよいでしょう。授業の工夫の中で、ルールを変更していくことは、ここには含んでいません。

（3）技術の適応

聴覚障害があることで行いにくい動作技術として、音を合図とする動きがあります。例えば、陸上競技のスタートを雷管で行うような場合は、何度か雷管の音をひろう練習を行うか、煙を見るような練習をする必要があるでしょう。他にも、ボールゲーム中の反則行為に対する笛は、合図をわかりやすくするために、旗を持ったり、フラッシュランプを点滅させるなどして習慣づける必要があります。

（4）施設の改善

取り入れておきたい施設面の改善点としては、次の三つです。
①黒板またはホワイトボードの設置
②体育館やプールにフラッシュランプの設置
③補聴システムの設置

特にホワイトボードや黒板は数多く準備し、できれば移動式や持ち歩けるものも必要でしょう。

5）指導上の注意点

聴覚障害のある児童・生徒に対する指導に際して、特に次の四つに注意を払う必要があります。

（1）話　す

健常児でも同じですが、まず児童・生徒がわかるように話すことです。例えば、児童・生徒の体調が悪くて見学を申し出た時に、その事を十分「話し合っておく」ことも大切な「話す」活動です。

（2）見守る

指導者は、できることまで手伝ってしまわず、できるだけ児童・生徒が、自分の力でできるよう頑張らせる目を持つことが大切です。

（3）実演する

児童・生徒に活動させながら、つまずいているところ、もう一つ理解が足りないところ等、実演してみることが大切です。

（4）確認する

どこまで、児童・生徒が学習したか内容を確認します。授業が終わった後でも、何をやったのか思い出せるように児童・生徒の意識の中に定着させることが重要なのです。

【内田　匡輔】

文　献
1）河添邦俊・正木健雄・矢部京之助　編：障害児の体育．大修館書店，1971．
2）吉岡博英・四日市章・立入　哉　編：聴覚障害教育情報ガイド．コレール社，1996．
3）井原栄二・上野益雄・草薙進郎　編：聴覚障害児教育の革新．コレール社，1997．
4）草薙進郎・四日市章　編：聴覚障害児の教育と方法．コレール社，1996．

参考文献
1) 筑波大学附属聾学校中学部「養護・訓練研究グループ」．筑波大学附属聾学校中学部：聾学校中学部生徒の聴覚活用．1998．
2) 筑波大学附属聾学校中学部「養護・訓練研究グループ」．筑波大学附属聾学校中学部：聴覚活用に関する実践　情報の交流を目指して．1999．
3) 全国聾学校長会教育課程第二部会編：教員研修用テキスト．1990．
4) 文部省：中学校学習指導要領．大蔵省印刷局，1991．
5) E＆Cプロジェクト編："音"を見たことありますか？．小学館．1996．
6) 稲沢潤子：耳の不自由な子どもたち．（茂木俊彦　監修、藤井克美　編），大月書店，1998．

4章
授業に生かせるスポーツ教材例

　小・中・高等学校で行われている体育の授業も、教材を工夫したり、ルールを少し変えるだけで、障害の有無にかかわらず、みんなが参加できる時間になります。4章では、少しの工夫で、授業に役立つ代表的ないくつかの教材を紹介します。

1　基本の運動と視覚障害児のための陸上運動

2　水　泳

3　ダンス

4　球　技

5　フライングディスク

6　スキー

1 基本の運動（跳ぶ・走る・投げる）と視覚障害児のための陸上運動

　知的障害のある子ども達は、母乳の吸い方が下手、頸の座りが遅い、ハイハイが遅い、独り立ちが遅い、初歩が遅れるといった、人間が発育・発達する上で基礎となる反射の力や、それに裏付けられた随意運動が発育の初期の段階で遅れを示すこともあります。

　また、先天的な視覚障害の子ども達は、視覚刺激が乏しいため、つかまり立ちや初歩が遅れるといいます。そのような発達の遅れは、放置しておいて、自然に回復するものではありません。早いうちに適切な運動学習を意図的に行わせなければ、動きが身につきません。ですから、障害があると分かった時点で、なるべく早く、意図的に運動をさせることが必要と言えます。

　小学校の低学年では、自分の身体の各部を覚えて、効率的な動きを学ぶことが必要です。つまり、自分の身体をどのように動かすと歩く、走る、投げる、跳ぶ、くぐるといった運動ができるのかを、さまざまな動作を体験することによって知ることが必要なのです。

　養護学校でよく行われている活動に、サーキット運動があります。これは本来のサーキット運動という意味合いの活動でなく、さまざまな運動を次々に周回しながら体験していく活動で、主に巧緻性を高める運動が配置されている例が多いようです。走る、跳ぶ、投げるといった運動を、楽しく行うために、次のような活動を考えてみました。

1. 跳ぶ

1）指導の方法

●跳び降りる

　跳ぶことは膝を曲げて力を一度ためて、それから膝を伸ばしながら地面に向かって一気に蹴る動作が必要です。大きくなっても跳べない人がいますが、その人達は力の入れ方が分からないことが多いので、最初はさほど高くない段差を跳び降りる体験をして、膝に力が入ることを理解する体験をさせます。

●バネを使う

　次に正対して相手の手を持ってトランポリンやスプリングボードを使って弾む体験をさせ、リズミカルに膝に力を入れる体験をさせます（図4-1）。はねるという体験を多くの児童・生徒は嫌いません。ですから比較的喜んで活動

図4-1

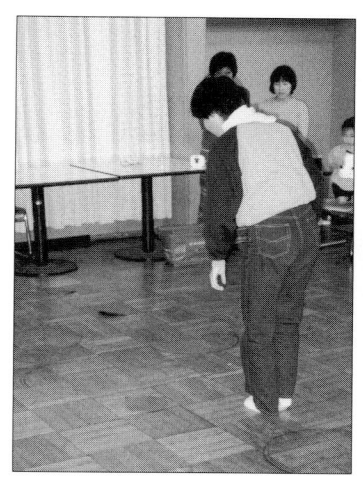

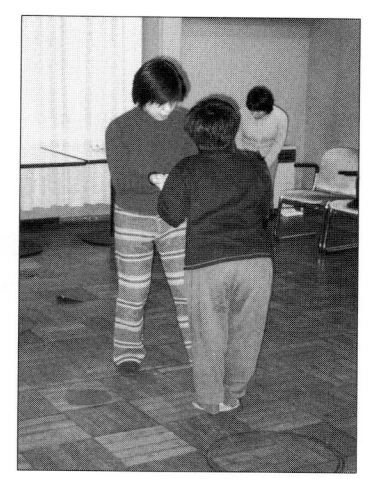

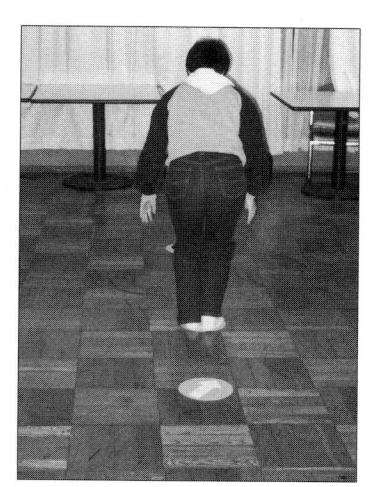

写真4-1　　　　　　　　　写真4-2　　　　　　　　　写真4-3

します。

大きなボール（ジムニクボール）の上に腰をかけて、身体全体で跳ねる体験もリズム感を養うにはよいと思います。

●ジャンプの導入

床の上に目印を置き、その上を踏み外さないように歩く練習をします。目印は滑らないものであったら何でもよいのですが、L社製のカラープレートが便利です。足型を描いてあげると、もっと理解しやすいと思います（L社製のカラープレートには足型も付属品としてついて、貼って用いるようになっています）。

目印の距離を少しずつ離していき、蹴る力が必要な状況をつくります。目印は距離と方向を自由に変えることができますが、最初のうちは直線方向がよいと思います。

●両足ジャンプ

上記の活動に慣れたら、両足でジャンプをします。これも足型のついた目印を2枚平行に並べ、それを縦方向に連ねます。その上を跳ぶことを指示します（**写真4-1**）。1回1回ゆっくり跳ぶことになると思いますが、場合によっては、手をつないで跳んでもよいと思います（**写真4-2**）。膝の使い方を覚えると、比較的早い期間で跳べるようになります。

2）いろいろなバリエーション

直線方向に1人で跳べるようになったら、置く目印の方向を変えたり、目印の間隔を変えたり、跳び方を変えたりします。例えば、目印をジグザグに置いたり、ケンケンパのように置いたり変化をつけることによって、技術を確実なものにしていきます（**写真4-3**）。

図4-2

3）発　展

跳ぶことが確実にできるようになったら、走りながら跳ぶことをさせましょう。段ボールの箱でハードルをつくります。ハードルは子どもの能力に合わせて、数種類の高さを用意します。同じ高さのものをいくつか並べておいて、徐々に高いハードルに挑戦していくことも喜びます（図4-2）。

2. 走　る

運動障害がない多くの児童・生徒ならば、走る運動はできるはずです。走ることを用いた遊びを体験して、敏捷性を高めることは小学校の段階でとても大切になってきます。

単純にゴールに向かって走るものとか、ジグザグに走る、跳び越える、くぐるなどのいろいろな活動は、走ることを含んでいます。さらに後ろ向き、横向き、走る形を変えたものもあります。児童・生徒の実態に合わせて、いろいろ変化を与えることができます。ただ走るといってもなかなか走らない者には、より具体的な目標を設けるほうが効果的かもしれません。次にいくつか走運動を紹介してみます。

1）指導の方法

●尻尾とり（図4-3）

指導者が新聞紙などでつくった長い尾を腰にブラ下げ、児童・生徒が指導者を追いかけて尻尾をとる遊びです（ジャケットにマジックテープを貼り、それにマジックテープを貼ったリボンが止めてある尻尾とり用のジャケットも市販されています）。これを用いると、紅白でのゲームやいくつかのチームをつくり、各チームで1人の鬼を決めて、残りが自分のチーム以外の鬼に貼って得点を競うという団体活動もできます。児童・生徒の実態に合わせて尻尾を長くしたり、走るスピードを遅くしたり、調節ができます。

●棒とり（図4-4）

新聞紙を丸めてセロハンテープで止めて棒をつくり相手と正対して新聞紙の棒を「用意！」で地面に立たせます。敏捷性の未発達の児童・生徒であれば、丸めた新聞紙の直径を大きくして、立たせた時安定するようにします。地面に立てた新聞紙の棒を軽く手でおさえます。「一！二！三！」の号令と共に、自分がおさえ

図4-3

図4-4

ていた新聞紙の手を離して、相手が立てた新聞紙の所に走っていき、新聞紙が倒れる前に手でおさえます。

　慣れてきたら、2人の距離を少しずつ長くとります。自分が相手の棒をおさえることばかり考えると、自分の棒の立て方がおろそかになり、相手が棒をおさえにくくなります。方法を理解したら、3人で3角形をつくって行ったり、5～6人のグループで円になって右回り、左回りと活動すると面白いと思います。

●鈴たたき（図4－5）

　音楽の合奏で使う鈴を1本の紐に等間隔にいくつか結びます。その両端をハイジャンプのスタンドに結び付けます。スタートラインはその場所から5m程度離します。スタートラインから合図でスタートして、ゴールに速く到達し、鈴をたたく競争ですが、スタートのスタイルをいろいろ変えます。

①鈴に向かって後ろ向きからスタート
②地面に座って膝を抱えた姿勢からスタート
③仰臥の姿勢からスタート
④腕立て伏せの姿勢からスタート
⑤2人で手をつないで前記の姿勢からスタート

図4－5

など、スタートの方法にいろいろ変化を与えることができます。

3. 投げる

　投げる運動は、身体の一部を軸にして、回転動作が腰、肩、腕とスムーズに移行しなければ効率的に投げられません。ですから、運動の中では習熟が難しい動作と言えます。ゴムやテニスボールを使うと握れない児童・生徒もいるので、投運動の練習では、はじめはお手玉とか運動会の玉入れに使用する赤玉・白玉を用いるとよいと思います。練習の手順を次に示します。

1）指導の方法

●目標ラインに向かって投げる

　この時に目標は、誰でもが達成できる距離とします。この運動で、個々の投げ方の特徴をみて、修正点をしっかり把握します。視覚障害の児童・生徒には目標線の距離を理解させるため、目標線まで一緒に歩いて距離を実感させたり、音源を目標線の上に置きます。そして、投げた後、軌跡と距離を児童・生徒にフィードバックすることが大切です。お手玉を離す位置をしっかり見ておいて、修正するところがあれば、指導者はアドバイスをしましょう。

●長縄で作った的に投げ入れる（図4－6）

　長縄2本を結び、円形をつくってそこに投げ入れる。投げるものは児童・生徒に合わせて大きさや重さを考慮したものにしましょう。また、多くの者が達成できるよう、円形設定の距離に配慮をします。円形とか、楕円形、三角形といろいろ形を変えて的にすると変化を与えることができます。

図4-6

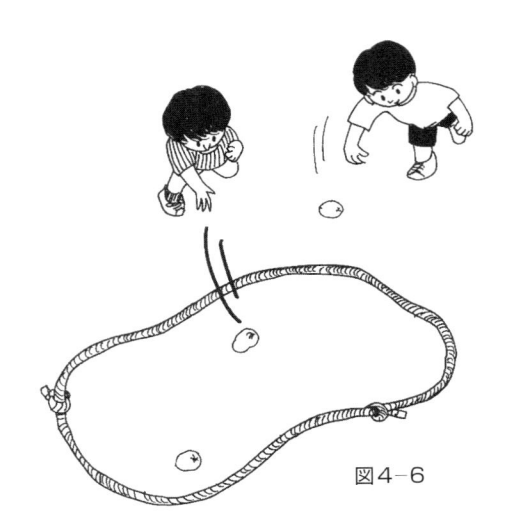

●紙飛行機とばし
あらかじめ作っておいた紙飛行機を飛ばします。遠くに飛ばすためには、投げ出す角度と力の入れ具合が重要なことを体験させます。

●的当てをする（図4-7）
大太鼓や、大きなボール、フラフープに新聞紙をはって作った的などに向かって投げます。太鼓は音がするので喜ばれます。また、大きなボールは、缶の上に乗せて的にすると当たった時に落ちるので、これも児童・生徒に喜ばれます。視覚障害の児童・生徒には、ラインを越せば当たりということにして、当たった時に「大当たり」という声をエンドレステープに入れて流せば、意欲的に取り組むでしょう。

以上、走る、投げる、跳ぶといった陸上運動の基本的な活動例を示しました。これらの活動を通して、身体意識や身体支配といった能力を身につけ、身体を目的的、効率的に動かすことを覚えることが、次のステップの土台となります。ですから、遊びながら基礎づくりをしている重要な活動と言えます。　【後藤　邦夫】

図4-7

4. 陸上運動

ここでは、視覚障害のある児童・生徒への陸上競技の教材と指導法を紹介します。

陸上競技は視覚障害があっても、少し工夫するだけで障害のない人と一緒にできる教材です。障害者の競技会では、それぞれの障害の程度に応じて細かく区分されており、比較的似たような障害がある者同士が競えるように工夫されています。パラリンピックや世界選手権でもメイン競技となっており、日本選手権や地区選手権なども実施されています。種目もほとんど変わりませんが、円周走や音源走のように独特の種目もあります。

競技区分は、視力と視野により三つ（B1、B2、B3）にわかれています。体育の場面では、「全盲」と「弱視」にわけて指導することが一般的です。

1）教材の概要

（1）競技場
できるだけ段差の少ない場所で行います。ラインは可能な限りグラウンドとのコントラスト

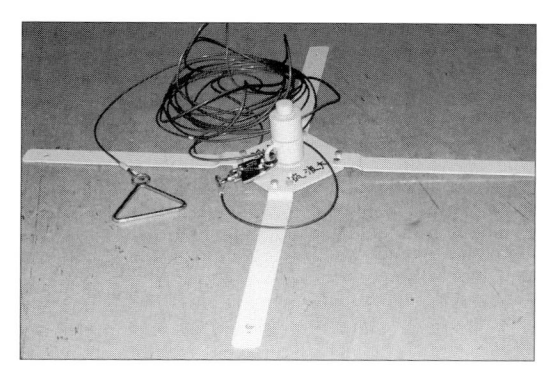

写真4-4　円周走用具

写真4-5

をはっきりさせる努力をしましょう。また、決勝点（ゴール地点）付近に旗ざおを立てたり、周回表示板を置いたりする場合は目立つよう工夫し、ぶつからないように注意しましょう。

（2）基本ルール

ルールは、「日本身体障害者陸上競技連盟競技規則」（日本身体障害者陸上競技連盟編）に詳述してあります。また、「全国障害者スポーツ大会競技規則集」および「同競技規則の解説」（財団法人 日本障害者スポーツ協会編）には、独自種目のルールも載っています。

（3）基本的な用具

一般の陸上競技とほとんど同じです。独自の用具として、伴走用紐、音源（道具を使わず、拍手や声でもよい）、角材（スタートラインや踏切線がわかりやすいよう一時的に置いて使用します）、円周走用具（**写真4-4**）などがあります。

2）種目別の指導の方法と留意点

盲学校の体育では「全盲」と「弱視」にわけて指導することが多くみられます。

主に「全盲」に対する留意事項が多くなりますが、「弱視」の場合「見えているようで見えていない」状態があるので、状況（天候、グラウンドやラインの色など）をよく見ながら、児童・生徒と話し合って、必要に応じた配慮をしましょう。例えば、晴れて光がまぶしい日は見えにくいので、サングラスを着用させたり、ラインをできるだけ少なく太く書いて、判別しやすくするなどの工夫が必要です。

記録や結果（投げたり、跳んだりした方向や角度など）は、できるだけその場でフィードバックするようにします。

空中動作や運動中のフォームを視覚的に模倣することは困難なので、分習法で場面場面のフォームを指導したり、ドリル（ももあげ歩行など：**写真3-1**参照、65頁）のような基本動作を取り入れることで、理解しやすくなります。また、運動中のリズムを大切にすることも指導上とても重要です（走り幅跳びの踏切前のリズムなど）。

安全のために、運動前後の動線（運動前の待機場所から運動後の移動経路まで）をあらかじめ明確にしておきます。また、運動開始の合図は声ではっきりと指示しましょう。

（1）走

短距離の直線走は、音源走または伴走で行います。ゴール地点の数m後ろで、拍手をしたり笛をならしたりして、スタート前からゴールす

写真4-6

写真4-7

るまで音を出し続けます。途中でランナーが曲がったら大きな声で修正するか止めること、そして、ゴールしたことをただちに知らせることが重要です。音源走は、必ず1人ずつ実施します。周りから応援すると音源が聞き取りにくくなりますので、走っているときは静かにするようにします。音源は、50mでは1カ所で十分ですが、100mの場合は、2カ所（50m地点とゴール地点）準備したほうがわかりやすくてよいでしょう。スタートのときは、ゴールの方向をあらかじめ確認しておきます（**写真4-5**）。また、スタートラインの確認は角材などを使って行います。

曲走路を走ったり、長距離を走る場合は介護走（伴走）で行います。長さ50cmほどの紐をお互いに手で持って走る方法が一般的です。紐は、輪になっているほうが持ちやすくて便利です。伴走者は、ランナーを引っ張ったり押したりしないよう注意します。特に、走者の身体を押しながら走ることは、走者に大きな不安感を与えますのでやめましょう。また、慣れていない場合は、伴走者の腕を持って走るようにします（**写真4-6**）。

走る位置は、右側か左側か走り易い方を選びます。伴走で凹凸のある場所や車止めなど障害物の多い歩道などを走ることは、慣れていないと難しいので注意します。もし走る場合は、ス

ピードを落として注意するとともに、障害物や凹凸の情報を逐一ランナーに伝えていきます。

ハードル走は難しいので、盲学校ではほとんど実施していません。

(2) 跳 躍

跳躍競技を実施する場合は、まず着地する場所を確認させます。特に、走り高跳びのマットは高さや降り口の確認をしておく必要があります。

●**立ち幅跳び**

踏切位置がわかりやすいように角材などを置いて確認させます。確認が終わったらはずします。

●**走り幅跳び**

歩数を決めて踏み切るようにすれば「全盲」でも実施可能です。着地地点後方、または踏み切り地点で、音源をならして下さい。助走のスタート地点では、方向指示をします（**写真4-7**）。「弱視」の場合でも、踏切板（線）が見えない場合が多いので、踏切地点横に人が立って、声で合図をするとわかりやすくなります。障害者の競技会では、踏切板（線）を奥ゆき1mの長さにしているクラスもあります。

●**高跳び**

「全盲」の場合長く助走するのは難しいので、その場で跳ぶか1〜2歩の踏み込みで跳ぶよう

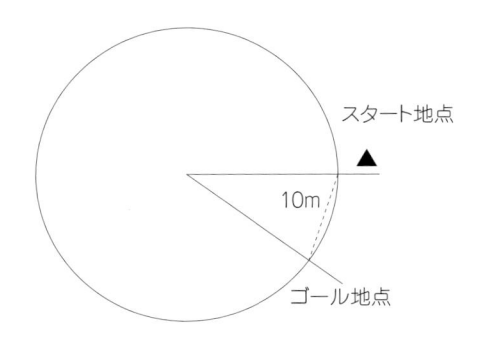

図4-8 円周リレーグランド概要（1周100mの場合）
円周リレーの器具は、株式会社チャンピオン（TEL06-6761-0659）で取り扱っています。

にしましょう。バーがどこにあるのか触って確認してから跳びます（あらかじめバーの中央部にラインテープを巻いておきます）。「弱視」でバーが見づらい場合は、バーの中央部に布（白が一般的ですが、見やすければどんな色でもかまいません）をかけるとよいでしょう。できればスタンドも見やすくしておいたほうがよいと思います。

(3) 投てき

投げることの経験が少ない場合が多いので、比較的苦手な種目です。特に、高さ（投てき角度）に関しては技術獲得がとても難しいようです。ボールや砲丸などの持ち方や投げるフォームを手をとって指導します。投げる方向は、音源で知らせます。ハンドボールやソフトボールを返球する時は投げずに手渡しをすることが大切です。

3）展開の工夫

(1) リレー

●トラックでのリレー

伴走者がバトンを持ったり、伴走者の手タッチで実施すると比較的容易にできます。できれば2レーンの幅を使いましょう。「弱視」の場合は、近づいてくる前走者や渡す次走者の判別がつきにくいので、目立つ服装（ゼッケン）にしたり、大きな声を出して呼ぶようにしましょう。

●円周リレー

円周走で行うリレーです。盲学校で独自に扱われている種目です。パラリンピックや日本選手権の競技会では実施されていません。支柱から伸びたワイヤー（ひも）の先に持ち手がついていて1周すると100m（50m）になるように設計された用具を使用して、1周100mまたは50mの円周コースで行います（図4-8）。1人が約90m走ったところで合図（笛を吹く）をし、合図とともに次の走者がスタートします。同じコースを複数の走者が走るわけではないので、順位がわかりにくい面はありますが、衝突の恐れがなく、視覚障害のある児童・生徒も全力で競技できるリレーです。複数チームが同時に競う場合は、複数のコースを設定すればよいのですが、コースとコースの距離は十分とるようにします。

【原田　清生】

参考文献
1）（財）日本障害者スポーツ協会編：障害者のスポーツ指導の手引．ぎょうせい，2000．
2）日本身体障害者陸上競技連盟編：日本身体障害者陸上競技連盟規則，2004．

2　水　　泳

　水泳は、障害のある児童・生徒にとって最も親しみやすい運動種目であると言われています。その一番の要因は、水に浮力があることでしょう。陸上では、運動機能に障害のある場合に重力が大きな抵抗となりますが、水中では浮力により、小さな力や小さな動きでも全身を動かすことができようになるからです。リハビリテーション的な活動からパラリンピック大会に代表されるような競技的な活動まで幅広い取り組みがなされています。

　障害が多様化している児童・生徒にとって、水泳、水中ムーブメント、水治訓練などの形で発達を促すアプローチとして参加することができる活動です。

　ここでは水泳の持つ特性を生かして、肢体不自由、聴覚障害、視覚障害のある児童・生徒への水泳の指導法とその留意点をあげます。

1）水・水泳の持つ特性

　水・水泳の持つさまざまな特性は、障害のある児童・生徒にとって生理機能に対する効果や運動する上でさまざまなメリットがあります。

（1）浮　力

　立位の状態で胸まで入水すると、体重は約1/4程度になり、小さな力で運動することができます。また重力の影響が小さくなることで脊柱や脚の関節への負担も軽減され、ケガを防ぐことができます。姿勢を安定させることも容易にできます。しかし、水に慣れていない場合は、浮力により不安定に揺れることが恐怖心につながることもあります。

（2）水温、温熱効果

　体温より水温が低い場合、皮膚が寒冷刺激をうけ体温調節機能の発達を促すことが知られています。逆に体温より高い水温では、血管拡張（血流量増加）と関節等の結合組織の柔軟化、それらの総合作用としての沈痛、痙性抑制、組織代謝の改善を促します。しかし、水は熱伝導率が高いために体熱が奪われやすく、血管拡張は同時に熱放散も促進するので、入水時間の調節と終了後の十分な保温が、効果持続に重要となります。

（3）水　圧

　水圧は、「静水圧」と「動水圧」に分けられます。「静水圧」とは、深さに応じて受ける圧力のことで、胸まで水中にはいった場合、静脈系、動脈系にかかる血中圧と外部水圧が完全につり合い、陸上での臥位と同じような血行状態となります。そのため静脈の還流を高めます。水中では起立性の脳貧血（立ちくらみなど）は起きません。また、腹部や胸部への圧力は、呼吸筋の発達によい影響を与えます。「動水圧」とは、水の流れや振動による圧力で、皮膚の知覚刺激や筋肉をマッサージする効果があります。

（4）体位（姿勢）

水平姿勢（浮き身の姿勢）の運動を取り入れることで、血液の循環が促進されます（特に下肢）。また、障害が重く立位の取れないケースでも、小さな補助で立つことができるため、陸上でできない立位姿勢を取り、運動を行うことができるようになります。

（5）運動量の調節が容易

泳いだり歩いたりする速さ、距離、時間を自分で加減することで、運動の強さを容易に調節することができます。水中に顔をつければ、呼吸も制限され、呼吸の仕方により心肺機能の負荷も調節できます。しかし、初心者は運動量が過度になるケースが多いため、指導者が調節する必要があります。

（6）最大筋力を必要としない

水を抵抗にしたアイソキネティック（等速性運動）な運動ができるため、自分の力に合わせて、幼児から老人まで無理なく運動できます。したがって、プログラムも男女の違いによる差はあまり見られません。

（7）全身運動である

身体の片側に偏った運動でなく、左右対称的な運動ができます。また、腕、脚、胸、胴などの大きな筋群を使用します。さらに、呼吸法を獲得することで、酸素を取り入れた有酸素運動で全身持久力の向上に有効となります。

1. 肢体不自由児の水泳

1）指導の方法

肢体不自由のある児童・生徒の水泳の指導手順は、一般の指導手順と同じです。児童・生徒の能力に合わせて、水遊びによる水慣れの段階、息つぎの段階、浮き身の段階、泳ぎ（泳法）の段階のプログラムが立てられます。

しかし、障害の特性により息つぎの技術習得が難しいケース、特定の部位の異常な筋の緊張や弛緩麻痺により、水中バランスを取ることが難しいケースなどあり、障害のない児童・生徒と同じ進度で泳げるようになることが難しい場合もあります。そのような場合、習得の難しい技術を補うために、積極的にヘルパーなどの補助具を利用して、指導を展開することが大切になるでしょう。

（1）水慣れ

水への抵抗感は、障害の有無にかかわらず、その子どもがどのように水と接してきたかという経験が大きく左右します。遊びながら自然に水に親しめるような経験が必要となります。

水に対する恐怖感を持つ児童・生徒には、水泳指導開始当初からスイムゴーグルや耳栓を使用して、心理的に水中での活動を行いやすくするような配慮をすることも必要でしょう。

（2）息つぎ

肢体不自由のある児童・生徒には、口を上手に閉じることのできないケースがあります。主に、不随意運動のあるタイプにその傾向が見られます。このようなケースには水を飲まないように口を閉じる練習が必要になります。

また、脳性麻痺の児童・生徒は息を吐くことが苦手な場合も多くみられます。これは脳性麻痺の運動パターンとして、全身を同時に緊張させながら身体を動かす傾向があるからです。水中でも全身に力を入れて運動しようとするために、息を吐くことを難しくします。このようなケースは、息つぎの指導では息を吸うことより

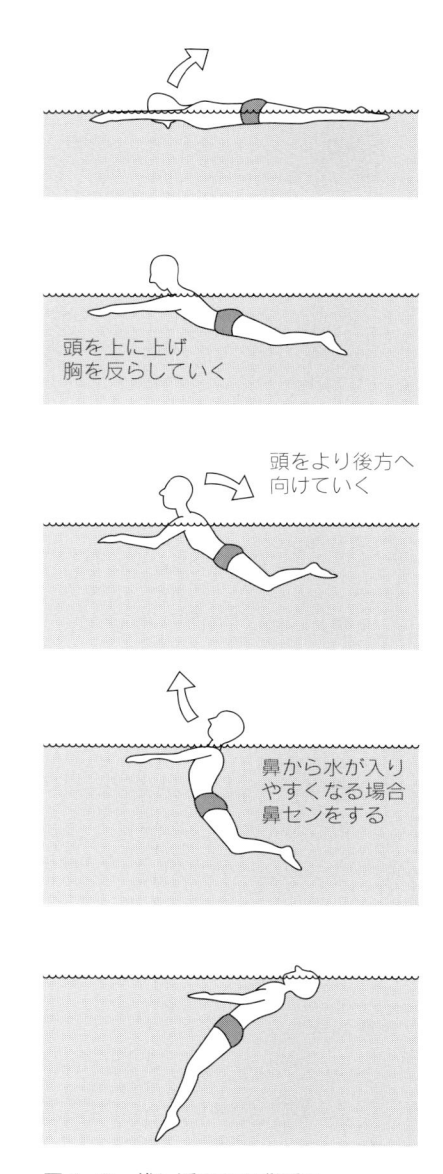

図4-9　伏し浮きから背浮き

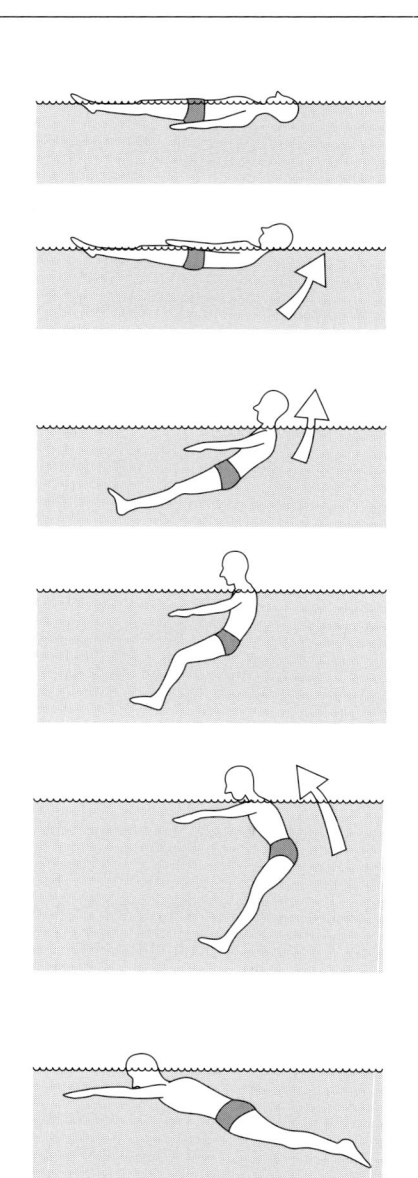

図4-10　背浮きから伏し浮き

も水中で息を吐くことを重点的に指導します。練習では、水中に口までつけて吐く、鼻までつけて吐く、最後に顔全体をつけて吐くというように段階的に行うとよいでしょう。

　上手に吐けるようになったら、一般に行われているような「ブクブクパッ」（水中で息を吐き、水から顔を上げて息を吸う）を繰り返すバブリングの練習に移ります。このときのポイントは、水中では鼻と口から息を吐き、水中から顔を上げたときにもう一度一気に息を吐き、その反動を利用して口から息を吸い込むようにします。

（3）浮き身

　浮き身の指導を行うとき、対象となる児童・生徒の障害の特徴を十分に観察する必要があり

ます。筋緊張が強い脳性麻痺の場合は緊張のある部位は沈みやすく、脊髄損傷や二分脊椎などで下肢に弛緩性の麻痺がある場合、その部位は浮きやすくなります。また、片麻痺では麻痺のある側は沈みやすくなります。浮き身が苦手な原因は、このように筋の緊張や弛緩が水中でのバランスをとりにくくしているからです。したがって、補助具を使用する場合も身体のどの部分に使用するか、児童・生徒の特徴を見極めて適したヘルパーを用います。例えば、下肢の筋の緊張が強く下半身が沈みがちなケースには、腹部を浮かせるヘルパーの使用が妥当です。また、肩周辺の不随意運動が強いケースには、アームヘルパーを使用して身体の揺れを止めてあげます。練習を重ねる間に、水中でのバランスを自分自身で安定させられるようになれば、徐々に浮力の小さいヘルパーに変えていき、最終的には補助具なしで浮き身がとれるようにしていきます。

　また、浮き身を指導する際は、水中で安全な姿勢を確保できるような練習も同時に行う必要があります。すなわち、伏し浮きや背浮きの状態から立位への姿勢変化、また、伏し浮きから背浮きへ（逆も）の姿勢変化を練習します。水中で自由に姿勢変化ができるようにすることで、水に対する恐怖感を取り除き、安全な姿勢確保につなげるようにしていきます（**図4-9、10**）。

(4) 泳　ぎ

　水泳を始めた子ども達にとって、1人で自由に泳げるようになること（補助具の有無にかかわらず）が最終的な目標となります。ヘルパーなどの補助具を使って浮き身が取れるようになれば、上肢もしくは下肢の運動で水を押して前に進む力（推進力）をつけるような指導をします。例えば、下肢に麻痺や緊張が強いケースは、

写真4-8　ヘルパーを使った初歩の背泳ぎ

ヘルパーを腹部につけた背浮きで、上肢を蝶が飛ぶような動作で動かせば、泳ぐことができます。逆に、上肢に不随意運動や麻痺が強いケースは、腕や背中にヘルパーをつけ、バタ足で水を蹴れば、面かぶりクロールの形で泳ぐことができます。面かぶりクロールや、フィンニング（上肢を蝶が飛ぶように動かす）での背泳ぎは、水泳を始めた子ども達が初めて泳げるようになる初歩の泳法です（**写真4-8**）。障害のある児童・生徒も補助具を利用することによって同じような形で泳ぎを覚えていくことができます。

　肢体不自由のある児童・生徒には、最初に背泳ぎを指導するケースが多く見られます。これは、背泳ぎが伏し浮きに比べて泳法の指導に移行しやすいと判断できるからです。つまり、自分の力で泳ぐためには、浮くこと、呼吸ができること、そして推進力を得ることの三つがポイントとなります。背浮きの場合は呼吸が常に確保され、ヘルパーを使用することで浮くことも可能となります。後は推進力を得ることができれば、背泳ぎで泳ぐことができるからです。

　障害のない児童・生徒に、背浮きから泳法指導に入る指導法が実践されるケースも増えつつあります。しかしながら、頭の後方は自分の目で確認できないため背浮きに恐怖を感じる者もいます。特に、後方認知の能力が未発達な児童・生徒は背浮きを嫌う傾向もあり、背浮きか

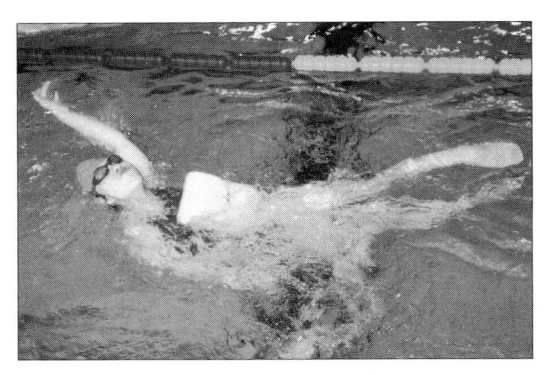

写真4-9 脳性麻痺、手のプル動作による背泳ぎ

伏し浮きのどちらの姿勢を先に指導するのか個々の状態をよく観察することが大切です。

2）水泳指導における疾病別留意点

(1) 脳性麻痺

脳性麻痺は、筋の緊張が強いタイプ、不随意運動の強いタイプなどいくつかのタイプに分類されます。どのタイプにも共通することは、障害の少ない部位を動かして泳ぐように練習することです。障害の強い部位を使って運動しようとすると、かえって緊張や不随意運動を高める結果となり、水中でリラックスして泳ぐことが難しくなります。したがって、下肢に緊張の強いケースは手のプル動作（かき）によって泳ぎ（写真4-9）、上肢に不随意運動が強いケースは脚のキックによって泳ぐ練習をします。

タイプ別にみると、身体の片側の麻痺が強いタイプ（片麻痺）は左右対象の運動は難しいので、クロールや背泳ぎの指導から始めるとよいでしょう。

不随意運動の強いタイプ（アテトーゼ型）は、上肢の不随意運動が水中でのバランスを崩すことが多いので、アームヘルパーを使用して肩の揺れを押さえると泳ぎやすくなります。

機能障害の部位やタイプにより運動発達は一人ひとりまったく異なるため、その児童・生徒に合った指導をする必要があります。

(2) 脊髄損傷・二分脊椎

脊髄損傷と二分脊椎は、主に下肢の運動機能障害と感覚機能障害による弛緩性麻痺が見られます（脊髄神経の傷ついた部位により範囲は異なります）。弛緩性麻痺のある部分は、水に浮きやすくなります。したがって、水慣れすれば浮き身から泳げるようになるまで比較的スムーズに上達していきます。

泳ぎ方は、上肢だけのクロール、背泳ぎ、平泳ぎなどいろいろな泳法の獲得を目指すことができます。お尻の部分が浮きすぎるケースは平泳ぎから始めるとよいでしょう。

また、脊髄損傷と二分脊椎は排泄障害を持つことがほとんどです。したがって、入水前の排尿と尿路感染に注意する必要がありますが、ほとんどの児童・生徒は排尿の時間管理ができるので、排泄障害があることで入水を制限することは妥当ではありません。パラリンピックでも脊髄損傷の水泳選手がたくさん活躍しています。

ただし、プールでは肌の露出が多くなるため傷を作りやすくなります。感覚機能麻痺（知覚神経麻痺）がある部位は痛みを感じないため入退水の際にプールサイドや車椅子で傷をつくらないことです。特に退水時は、皮膚がふやけて柔らかくなっているので注意し、セラピーマットなどを使って直接プールサイドに座らないように配慮します。また、退水後のチェックを必ず行うことも大切です。

(3) 筋疾患

筋ジストロフィーなどの筋疾患は、筋力が弱いために陸上では自力で運動することが困難ですが、水中では浮力の助けを得て1人で運動することができます。水泳は、筋力や呼吸機能の

維持や低下を遅らせることができます。水泳を行うことで、陸上での身のこなしもスムーズに行えるようになります。

注意する点は、筋力が弱いので疲れすぎないようにすること、関節の可動域を広げるような運動は自分の力で行うことです。

日常、運動する機会が少ないので、少しでも運動に対する自信が持てるよう指導することが大切でしょう。

(4) 骨形成不全症

骨形成不全症は、骨の発育が遅いため骨折しやすい病気です。筋疾患同様に、水中では浮力により1人で運動することができます。他の児童・生徒との接触等による骨折に注意するだけで、特に指導法を変える必要はありません。

最近では、温水プールも多く見かけられるようになり四季を問わず水泳ができるようになってきました。スイミングスクールでは、幼児からお年寄りまで年齢に関係なく水に親しむ姿が見られ、水泳は、誰もが生涯スポーツとして楽しむことができるスポーツです。肢体不自由のある児童・生徒の水泳も、基本的には障害のない児童・生徒の水泳と変わりありません。

水泳の苦手な子ども達は、そのほとんどが、経験不足による水慣れが上手にできないことが原因にあげられます。障害の有無に関係なく、ゆっくりと水になじみながら、補助具等を利用して泳ぎへとつなげていけば、誰でも自分の力で泳げるようになるでしょう。【松浦　孝明】

2. 聴覚障害児の水泳

1）指導の方法

水泳の指導の方法については障害のない児童・生徒と大きくは変わりありませんが、指導の際、普段の授業よりも黒板や図、実演を織り込みながら指導する必要があります（**写真4－10**）。

また、競技会や記録会を行う際、スタート台からスターターの合図を見て飛び込んでいきます。その時、雷管の音がどれくらい裸耳（補聴器をはずした状態の耳）で聞き取れているかはその児童・生徒によってそれぞれです。確かめておく必要があるでしょう。もしわかりにくければ、手の合図も同時に用いるなどの配慮が必要でしょう。

児童・生徒が一度プールに入ってしまうと、泳いでいる途中で指導者が止める合図をしても、わかりにくいことが多くなります。そのために、水泳の授業では、数名からなる少人数のグループを作り、お互いにフォームをチェックしあったり、タイムを計りあう等のグループ学習が大切になるでしょう。グループの中に、水泳の上手な者がいれば、先生役になってもらい、

写真4－10　黒板を使いながらの指導

写真4-11　グループごとの指導

少人数クラスを運営することも、一つの方法だと言えます（写真4-11）。

2）聴覚障害児の水泳指導における留意点

（1）着替え

聴覚障害のある児童・生徒への水泳指導の留意点としては、「水着に着替える」という点に十分な配慮が必要となります。水泳の授業を行うためには、体操服に着替えることやお風呂に入ることとも違った、「着替え」が行われます。服を着ていることによって今まで見えなかった身体が、着替えることで見えてくるのは、小・中・高等学校においても、水泳の授業を敬遠しがちな児童・生徒の理由の一つにあげられると思います。このことは聴覚に障害のある児童・生徒も同様です。ただし気をつけなければならないのは、聴覚に障害のある児童・生徒の思考には次のような特徴が見られることです。

- 観察が直観的、皮相的である[1]。
- 分析的に考察をじっくりやって、その結果にもとづいて総合的な理解をすることが困難[1]。

つまり、水泳の授業において聴覚障害児は障害のない児童・生徒以上に「見た目を気にしがちになる」と考えて授業を進めなければならないと言えます。

（2）補聴器・耳栓

聴覚に障害のある児童・生徒が体育の授業の中で唯一、補聴器をはずさなければならない授業が水泳です。補聴器から得られる情報がなくなることで、不安を感じる者は少なくありません。これが聾学校であれば、全員が同じ条件ですが、小・中・高等学校では、その者のみが不安を抱えることになります。このような不安を解消する歩み寄りが必要であることが、聴覚に障害のある児童・生徒の水泳の特性と言えるでしょう。

そして、特に水泳の授業では、水が耳に入ったり、残ることを避けなければなりません。そこで、水泳の授業では耳栓を準備することや、綿棒を持参させるように指導することも大切です。授業後、耳の中に残った水に気づかずにいると、その後の授業での聞こえに影響が出るだけでなく、衛生的にも問題になるからです。

また、耳の中に水分が残っていることや髪が濡れていて、その髪が耳掛け型の補聴器に触れることを考えると、授業直後は、耳掛け型の補聴器の装用を避けるべきでしょう。特に髪の毛が長い児童・生徒は、よく乾燥させるよう指導することも大切です。

（3）水　温

特に、水温の低い時ですが、水に入ると耳が痛くなると訴える児童・生徒をよく見かけました。突然、冷たい水に入ったために、体の毛細血管が急激に縮まり、その影響が耳にも出るのだと思われます。聴覚に障害がある児童・生徒は、残存聴力を活用するため、補聴器を装用しています。そのことで、耳の神経が敏感になっていることも考えられます。

もちろん、シャワーを浴びるなどして水温に徐々に慣れるよう指導を行うのですが、それでも痛みや違和感を訴えるようなら、一度、プー

ルから上げて、寒さをやわらげるような指示を与えるべきでしょう。また、設備があれば、温水シャワーなどで徐々に温度を下げながら、水温に適応させていく配慮も必要でしょう。実際に泳ぎはじめ、しばらくすると、痛みも解消するようです。　　　　　　　　　　【内田　匡輔】

参考文献
1) 中司利一：障害者心理. p147, ミネルヴァ書房, 1988.

3. 視覚障害児の水泳

　視覚障害児にとってプールで泳ぐことは他の運動と異なり単独で練習ができます。
　中には、更衣などを嫌う児童・生徒も多くいますが、運動が好きな児童・生徒にとっては人気のある教材です。また特別な設備も必要としません。ちょっとした工夫で安全に学習することが可能です。大きな問題点は壁に向かって泳ぐ時の恐怖心をどのようにして排除するかが鍵となります。

1) 指導の方法

　指導については、障害のない児童・生徒と大きな違いはありません。水慣れからの段階的な指導でよいでしょう。ただし見本を見てまねしにくいことを考慮して、手足をとり具体的でわかりやすい言葉で補足をするような指導を心がけましょう。例えば、ビート板の持ち方なども向きを教えておかないと、逆に持ってしまうこともあります。
　ここでは視覚的なハンディを補うための方法を紹介します。

(1) 距離感覚

　プールの長さは、ストローク数を数えることによって距離感覚を覚えさせるとよいでしょう。例えばクロールで25m泳ぐ場合、平均のストローク数が22かきだとします。
　そのような場合は20ストロークまではしっかりと泳ぎ、残りの2かきはゆっくりと泳ぐことで安心して泳ぐことができます。
　コース内では右側通行を意識させて右肩をコースロープに沿って泳ぐ習慣をつけましょう（国内のプールはほとんどが右側通行です）。この意識によって曲がらずに泳げます。肩がコースロープに当たるので、慣れるまでは肩にテーピングテープ等を貼って保護をするとよいでしょう（テープを貼って大会には参加できません）。
　ゴールとターンは指示棒（合図棒：下記参照）を利用して合図を出して、壁の恐怖心を少なくするとよいでしょう。

(2) 用具とその使用法

　指示棒・合図棒（海外ではタッピングと呼ばれています）は、視覚障害者の泳者に壁が近づいて来たことを、頭部を叩いて知らせるための道具です（図4-11）。
　棒の先にヘルパーを付けた程度の物でも効果があります。泳者のレベルに合わせて使用します。国内の身体障害者の水泳大会や世界大会でも使用されています。タッピングの用具に関してはルールがないので、泳者のレベルと種目に合わせて作ることをお勧めします。ここでは筑波大学附属盲学校で使用しているものを紹介します（写真4-12〜14）。
　また、泳法ごとに合図の出し方が異なります。
クロール・背泳ぎ
　泳者のどちらかの手が前に伸びているので頭部を壁に直撃する可能性は低いです。1m手前

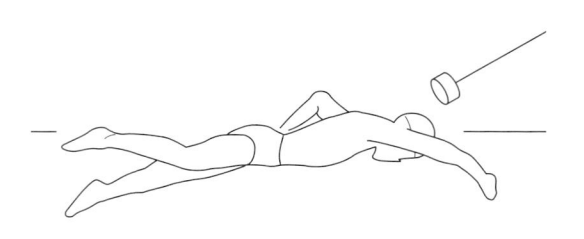

図4-11 タッピングのイメージ
泳者の次の左手が前にきたときにちょうど壁に手が届くタイミング

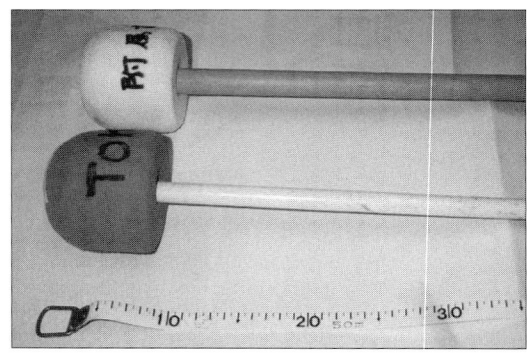

写真4-13 中級者用（全長80〜120cm）
早い手の動きに触れないように、先端を小さめにしたもの。

写真4-12 初心者用（全長80〜120cm）
頭部が水面上に多く出ているため、合図が必要です。

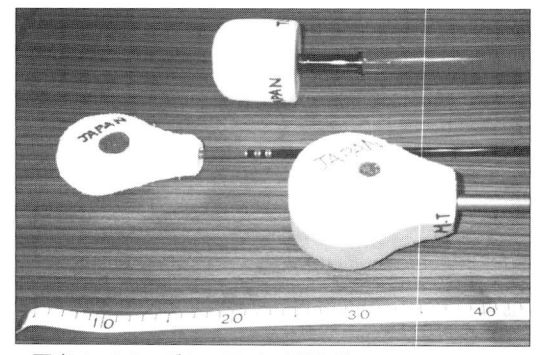

写真4-14 バタフライ・平泳ぎ・ロールターン用（全長120〜180cm）
釣り竿や伸びる棒で作成したもの。

で合図をするとか、合図された次ぎの手が壁に届く場所で合図を出すなど、あらかじめ泳者と約束をしておくとよいでしょう。

上級になるとクイックターンも可能です。

平泳ぎ・バタフライ

泳者の頭部が壁に直撃する可能性が非常に高いので、合図を出す側にも注意が必要です。頭部が水没する泳法なので、合図を出せるタイミングは合図棒が泳者に届く範囲では2回しかありません。安全性を高めるためには、壁側から遠い場所で合図を出すとよいでしょう。

また、壁に近く危険性がある場合は、素早く2回頭を叩くというような合図を出すようにします。上級者で背泳ぎのロールターンの合図をするときは、2m程度の距離が必要です。

合図を出す心構えとしては、泳者の泳ぎに合わせて自分も泳いでいる気持ちになるとスムーズに合図を出せます。

2）視覚障害児の水泳指導における留意点

（1）プールの安全について
プールサイド

裸足でプールサイドを歩く場合は、破損している場所があると足にケガをしやすいので修理を行うか、サンダルを履くようにしましょう。また、プールに落ちる危険性があるプールサイドは、あらかじめ薄いマットを敷いておく等して、足ざわりを変えておき、危険を知らせることができます。

コースロープ

コースロープは児童・生徒の目の代わりになります。割れている物は、大変に危険です。小さい浮きよりも大きい物の方が、コースの端を知らせる情報量が多くなりより安全です。また、指が挟まってしまう形は危険です。ロープのつなぎ目のワイヤーにカバーをかけることによって安全性が高まります。

プールのライン

底のラインを太く目立つ色にすると、低視力者にもわかりやすい親切なプールになります。ラインが壁の1m手前にあると、壁への衝突防止になってなおよいでしょう。

プールの壁

プールの壁に柔らかいマットやビート板を貼ると、突き指等のケガが少なくなります。また滑りやすい壁も足首の捻挫等のケガにつながりますので、プールの整備を怠ってはなりません。

【寺西　真人】

3 ダンス

　障害のある児童・生徒の体育活動も、これまでのようにADL（日常生活動作）の自立を目的とした機能訓練的な内容だけでなく、健康や体力づくりや、気分転換など、より充実した人間らしい生活、つまりQOL（生活の質）を高めるための身体活動が求められてきています。

　障害のある児童・生徒は、記録や勝敗の成績が重視される競技スポーツにおいて、障害のない仲間と活動する場合は不利になることがあります。工夫された適切な指導がないと満足した活動を展開できない場合もあります。

　一方、ダンス活動は、その特性として競争したり勝敗を争ったりすることはほとんどありません。また、特定の種類のダンスを除いて、基本的に厳密なルールや必要とされる技能はほとんどありません。他の人と異なった動きや、表現が認められ、尊重されるこのような活動の成果は、活動した人自身が決めればよく、失敗を恐れる必要はありません。したがって、ダンス活動は、競技スポーツの苦手な児童・生徒や障害のある児童・生徒にとって、楽しみながら、身体能力の向上、身体意識や動きの認識、社会性、コミュニケーション能力、情緒などの育成ができるよい機会を提供することができます。

ダンスのタイプについて

　ダンスには**表4-1**に示したように二つのタイプがあります。型のあるダンスは、振りや構成をあらかじめ決めたもので、ソーシャルダンスやフォークダンスのような社交型ダンス、バレエ、ジャズダンスのようなパフォーマンス型ダンスなどがあります。この領域のダンスは一般的になじみがあり、決められたステップや振りを音楽に合わせて動くことで誰にでも手軽に

表4-1　ダンスのタイプ

	型のあるダンス	型のないダンス
定　義	構造化されたダンス。振り付けや構成があらかじめ決められている。	探求と創造のダンス。振り付けは決まっておらず、即興的に動いたり創造したりする。
ダンスの種類	フォークダンス、社交ダンス、バレエ、ジャズダンス等。	即興的ダンス、クリエイティブダンス、ダンスゲーム等。
ねらい	振りやステップの習得。音楽と動きの調和。動きの育成、発達。社交、交友。パフォーマンス。	気づき（自分、他人、環境）。動きの探求と創造。自由で自然な動きの経験。コミュニケーション。リラクセーション。
障害のある人への適応	ダンステクニックの変更、修正。振り付けの工夫。適切な援助。	動きやすい環境づくり。動きに気づき、動きを引き出すための創意、工夫（音楽、絵、小道具）。

楽しめることから、比較的取り組みやすい活動になります。障害のある児童・生徒の場合は、障害のない者と同じステップや振りを行えないことがありますので、障害の状態に応じて振り付けを変更、修正する必要があります。例えば、車椅子を使用している児童・生徒は、フォークダンスのステップを車椅子の操作によって動けるような振りに変更します。障害が重い場合は、パートナーの適切なリードや補助をすることで参加できます。

型のないダンスは身体や動きに気づき、探求し、創造するための自由な身体表現活動で、即興ダンスや創作ダンス、ある種のボディーワーク等が含まれます。言葉を用いないコミュニケーションやリラクセーションを目的とした遊びとしてのダンスゲームも型のないダンスの一つです。振りや構成は決まっておらず、活動を展開する中で即興的に動きを見つけ、創っていきます。あらかじめ動きが決まっていないのと、展開の中で臨機応変に対応する必要があるため、活動になれていない人には敬遠される傾向があります。しかし、逆に動きの決まっていないことが、障害を意識せずに動けることになり、ダンス活動を豊かに広げていくために向いています。

型のないダンスを指導する場合は、イメージや動きを引き出しやすいような音楽の選択、小道具の使用、環境設定、援助の方法などを考案、工夫することが必要です。

どちらのダンスを選択するかは、参加者の身体的・認知的能力、指導者と参加者が満足できる指導スタイル、指導者が到達して欲しいと望むゴールなどさまざまな要素によって判断するべきでしょう。

例えば、知的障害のある児童・生徒は、ダンスの枠組みがきちんとなされていない状況では、自由に動けないことが考えられますし、動きを発見するような課題においては、認識、言語などの知覚能力が十分に備わっていない場合、困難であると考えられます。しかし、その一方で、もし創造的ダンスの活動がないとすれば、児童・生徒には自分自身の動きの探索、発見、創造、自己表現等の機会をほとんど与えられないことになります。

ダンスの目標が個々の技能の具体的な進歩にあるならば、型のあるダンス活動の方が適切かもしれませんし、児童・生徒の創造性や自己表現を促進することをねらいにするならば、型のないダンスを選択する方が適切であるかもしれません。

1）指導の方法

ダンスは基本的に障害の有無にかかわらず誰もが楽しめる活動です。しかし、ダンス活動には実に多くの題材やアイデアがあり、さらに指導者によってはオリジナルな活動を考案したり、アレンジを工夫したりしています。そこでダンス活動の内容を選ぶ場合は、対象となる児童・生徒の年齢やグループ構成、好み、活動経験、活動のねらいなどをよく考える必要があります。

ここでは、「導入のダンス」、「コミュニケーションのダンス」、「イメージのダンス」に分けて紹介します。

（1）導入のダンス
●歩いてあいさつ（図4-12）

音楽に合わせて歩くことは、ダンスの最も単純な形と考えられます。この活動は導入的な活動などに適しています。

マーチなどの軽快な音楽にのって歩きながら、他の人に出会ったら世界のあいさつをしてみましょう。日本のあいさつはお辞儀、イギリ

図4-12　歩いてあいさつ

図4-13　寝返りのダンス

スは握手、インドは両手を合わせて「ナマステ」、イタリアは片手を挙げて「チャオ」などいろいろなあいさつが考えられます。
　世界のあいさつだけでなくスポーツの選手がやるような両手を上に挙げてタッチするハイタッチや、動物のあいさつ等、子ども達が考えたオリジナルのあいさつを行ってみるのもよいでしょう。
　●寝返りのダンス（図4-13）
　アメリカの有名なダンサーで振付家のデビット・パーソンは、自分の寝ている姿をVTRに撮影し、寝返りの動きをもとに作品を創りました。寝返りは、寝ていても自然に身体が一番楽な姿勢になるように無意識のうちに行っている身体運動です。この寝返りをダンスとして体験してみましょう。
　全員が床の上に横になります。静かな音楽を流しながら、指導者が1回手を打つと全員が一つ寝返りします。寝返りの方法は自由で、自分の向きたい方向や形を好きに選択して、行います。合図による寝返りを何回か繰り返した後、今度は、一人ひとりが必要なときに好きなだけ、ゆっくりと寝返りを打つようにします。
　この活動は、ほとんどの障害に対応しています。聴覚障害のある人の場合は手をたたく代りに、床に振動を与えるなどして合図を伝えてく

写真4-15　休憩とリラクセーション

ださい。
　活動の展開部分で激しい運動をした場合は、写真のように休息とリラクセーションを兼ねてこの活動をまとめていくようにします。（**写真4-15**）。

（2）コミュニケーションのダンス
●シンプル・フォークダンス
　「型のあるダンス」であるフォークダンスは、あらかじめ決められたステップや振りを音楽に合わせて行うので、ダンスの経験が少ない場合でも安心して行えるようです。車椅子で参加する場合も振りを修正したり、パートナーがリードや補助をしたりすることで楽しく踊ることができます。そこで、車椅子の人と立位の人がペ

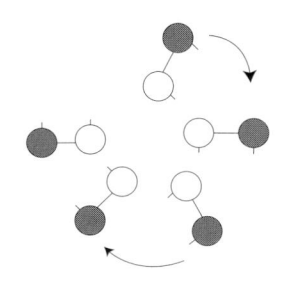

① 車椅子の人が参加している場合は、内側に車椅子の人、外側に立位の人が位置し、横に並び手をつなぎペアになります。右回りにプロムナードをします。
（32呼間）

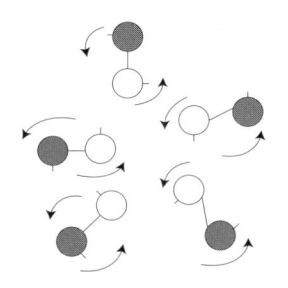

② 外側の人が向きを変え、腕を組んでその場で左回転（反時計回り）をします。
（32呼間）

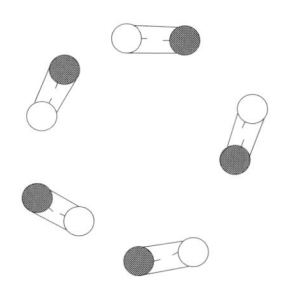

③ お互いに向かい合い両手を取って、自由にゆらしたり、手を打ちあったりします。
（32呼間）

＊この後パートナーチェンジします。ステップや振りは自由ですから対象に応じて工夫してください。

図4-14　シンプル・フォークダンス（曲エルスコ・コロー）

アになって行う簡単なフォークダンスを紹介します。基本的には簡単な三つの振りから構成されています。その場で回転する回数や、手の動きなどは自由ですので、参加する児童・生徒の状況に応じてアレンジして下さい。ペアをチェンジしていくことで、いろいろな人とのコミュニケーションを楽しめます。

　a. 使用音楽
　　エルスコ・コロー（旧ユーゴスラビアのフォークダンス曲）
　b. 隊形
　　ダブルサークルになります。車椅子の人が参加している場合は内側に入ります。逆LOD（時計回りの方向）に向き連手します。
　c. 踊り方（**図4-14**）
　・まず、横に並んで時計回りに進みます（32呼間）。立位の人は普通に歩くだけでもよいのですが、ツーステップなどの基本的なステップをしてもよいと思います。
　・次に、外側の人が反対方向を向き、パートナーと向き合います。お互いの左肘をかけ、

写真4-16　シンプルフォークダンス

CCWまわり（その場での反時計まわり）を行います。肘をかけずに、両手を取り合う、車椅子の肘掛けを持つなどをしてもよいでしょう。2人で回るときは歩いてもよいですし、スキップをしてもよいでしょう（32呼間）。
　・そして、お互いに正面から向かい合い、両手を取って自由に動きます（**写真4-16**）。両手を振るようにしてもよいですし、手のひらを打ち合うような動きでもよいと思います。ペアを組んだ人同士の即興的な動きを楽しみます（32呼間）。

写真4-17

- 最後に、外側の参加者が前に進んで1人前の人と新しいペアを組みます（4呼間）。

●相手の動きを聴きましょう（**身体接触を通して相手の動きに気づく**）

世界的に有名なイギリスのインクルーシブ・ダンス・カンパニー（障害のある人とない人が共に活動するダンスグループ）のCandoCoは、ワークショップの中で身体接触を通してお互いが「動きを導くこと、動きに従うこと」を学び、参加者の感性を深めることをねらいにした活動を行っています。

活動の形態は、2人以上の人達が身体の触れ合いや、意識的に体重をかけたり受けたりすることで、自然に言葉を用いないコミュニケーションを展開していくことです。こうした活動を繰り返すことで、自分の動き方やお互いの強さや弱さなどを理解できるようになります。そして、この活動はお互いの信頼につながり、デュエットやグループでのダンス作品の創作へと発展していきます。

具体的な活動の1例を以下に紹介します。

2人組になり、「動きをリードする人」、「動きを聴き従う人」の役割を決めます。「動きをリードする人」の手首の上に「動きを聴き従う人」の手首を軽く置きます。「動きを聴き従う人」は目を閉じます（**写真4-17**）。「動きをリードする人」はゆっくりと自由に手を動かします。「動きを聴き従う人」は相手の動きを身体で感じ、それに従って動いていきます。この時はお互いに声を出さないようにします。お互いに慣れてきたら、リードする人は少し速く動いたり、場所を移動したりして動きに変化を付けます。しばらくこの活動を行った後、役割を交代します。

活動するときは無音でもよいのですが、動きに慣れてきたら音楽を流し、それに合わせて即興的に動いてもよいでしょう。また、リードする人が、触れ合っている自分や相手の手を変えるなどして、動きにバリエーションを加えてもよいと思います。

触れ合う場所も手首に限らず、他の場所でも構いません。例えば車椅子の場合は両手で操作できるように、肩に手を置くこともあります。

この活動は視覚障害があっても可能で、実際に盲学校での実践例もあります。触れられることを拒む児童・生徒や、眼を閉じることを拒否する者の場合は、直接触れ合わずに、間に物を介在させたり、お互いが目を開けて両手を合わせて動くなどして、状況に応じた工夫が必要でしょう。

(3) イメージのダンス
●小道具を使う

ダンスをする際、スカーフや花などの小道具を持って踊ることがあります。小道具は踊りのスケールを大きく見せたり、イメージをふくら

表4-2 小道具の例

・**素　材**：	布、縄、棒、輪、紙、風船、リボン、お手玉、チューブ、新聞紙
・**日用品**：	椅子、傘、扇子、トイレットペーパー、モップ
・**自然物**：	花、小石、葉
・**小楽器**：	パーカッション類、鈴

写真4-18

写真4-19　魔法のレリーフ

ませたりするのに役立ちます。小道具を持ち、それに集中することによって、頭で考えて踊ることを少なくし、身体や心で感じることを多くすることができます。

小道具には、**表4-2**のようにさまざまな種類がありますが、使用する際には、誰に（対象）、何を（種類）、どのように（方法）与えていくかをよく考えることが必要です。

また、演劇には、棒やひも、輪、新聞紙といった素材による造形遊びを発展させたアニメイム（アニメーションとパントマイムを組み合わせた造語）という手法があります。

例えば、いろいろなひもで、花、カタツムリ、蝶などを表現し、お話を作ったり、数本の棒を何人かで持って馬を作って動かしてみたりします。何人かでグループを作り、遊びながらアイデアを出しあったり、協力して素材の持ち方や動かし方を工夫したりすることを通して、集団で創ること、集団で発見することの楽しみが理解されます。**写真4-18**は、海の中というテーマをチューブ、布を使って、集団で表現している様子です。

●魔法のレリーフ（**写真4-19**）

壁の浮き彫り（レリーフ）が魔法の力（音楽）によって壁から離れて動き出すというイメージで踊ります。レリーフとは浮き彫りのことです。イメージをふくらませるために美術の本にある古代遺跡などの写真を示してもよいでしょう。

活動する部屋の一方の壁に1人ずつ順番にレリーフになったつもりでポーズをとっていきます。約束として、身体や車椅子の一部が壁に触れるようにします。ポーズは、最初に指導者がデモンストレーションをすると動きを引き出しやすくなります。

レリーフが完成した後、音楽が聞こえてきたら魔法がかかって身体が自然に動きだし、壁を離れて自由に踊り出すことを告げます。音楽が鳴っている間は好きな場所に行って誰と踊ってもよいのですが、音楽が止まったら再び元の壁に戻りレリーフになります。元の位置に戻るときは、あわてて人や物にぶつからないように注意します。使用する音楽は、ピアノによる生演奏やCD、カセットによる既成の音楽の他に、簡単な打楽器を使ってもよいと思います。

最初は指導者が言葉によって指示を出すようにして次に何をするか理解を促しますが、活動に慣れてきたら、言葉による指示を減らして音楽だけのきっかけにしていくようにします。

2）指導上の留意点

上記で紹介したようなダンスの指導をする場合は、指導者自身がダンサーや振付家である必要はありません。また、ダンスは基本的に決ま

ったルールや技能がほとんどなく、障害のある人に対して特別な対応の仕方があるわけでもありません。以下のようなことに留意することで、誰にでも授業を円滑に進めることができます。

(1) 授業の準備

活動を始める前に、ダンス活動の内容を選択します。必要ならばダンスの内容とやり方を説明します。

活動中は表現に対するアドバイスをしたり、動きを引き出すために小道具を用意したりします。音楽が必要な場合は、音響装置やテープ、CD等のソフトを用意する必要があります。聴覚障害の児童・生徒が参加する場合は、太鼓や床から伝わる振動を利用してリズムを感じる方法がありますので、それに対する用意も必要です。

ダンスのイメージを明確にするために絵画や写真を用意することもあります。また、児童・生徒の声をよく聴き、動きを見ることによって、彼等の動きのレベルを把握しておくことも大事です。

(2) 参加者の実態把握

活動するクラスやグループの特徴を事前に把握しておく必要があります。例えば、集団の規模や男女比、および年齢構成、ダンスの経験度、適したダンスのテーマなどを前もって知ることで、活動の計画が立てやすくなります。参加者の中に医療上の配慮を必要とする児童・生徒が含まれている場合は、その児童・生徒が活動困難な内容をチェックしておく必要があります。

一口メモ

ロックなどのリズミカルな音楽を聞くと、自然に身体を揺すってしまうように、音楽と身体の動きは密接なかかわりをもっています。創作ダンスでは音楽を使用しない場合もありますが、適切な音楽を使用することでより効果を上げることもできます。年齢や活動に応じた適切な音楽は、よい刺激や創作の助けとなります。例えば、ビートの効いた一定のリズムは基本的な運動技能を育てる場合に効果的です。民族音楽は、はっきりした音の長さとフレーズの繰り返しから、動きを組み合わせる学習に適しています。はっきりしたリズムがない音楽は即興や、創造活動の背景音楽として用いることができます。ダンス活動に音楽を使用する際には、次のようなことに注意しましょう。

- ●騒々しさと楽しさを混同してはいませんか。耳に心地よい音楽のために音量、音質には気を遣う必要があります。
- ●静と動、速いと遅い等いろいろな要素の音楽を組み合わせて使用していますか。子ども達は、必ずしもロック調の音楽だけが好きというわけではありません。
- ●音楽が動きを表現するときの妨げになっていませんか。名曲や聞き覚えのある曲が自由な表現を妨げたり、逆になじみのない単純な曲が豊かな動きを引き出したりすることもあります。
- ●レパートリーが偏ってはいませんか。よい音楽も聞き飽きてしまうものです。また、年齢の高い生徒に幼児用の音楽だけを使用することも適切ではないでしょう。新鮮な感動を得るために守備範囲を広げ、いろいろな音楽を使用しましょう。

例えば骨が折れやすい障害の場合、体重を相手に預けたり、強く手を引き合ったりするような活動は避けるべきですし、心臓に疾患のある児童・生徒は、連続して激しく踊るようなダンスは避けた方がよいでしょう。参加者の特性を知ることで、無理のない内容を選択でき、誰もが満足のできる活動を行うことができます。

(3) 柔軟な指導

活動の内容や方法を事前に決めていたとしても、児童・生徒の反応や展開の仕方によって柔軟に変更することも必要となります。プログラム全体をよく見渡し、その時々の状況に応じて即興的に対処していくことで、生き生きとした活動を展開していくことができます。具体的には、テーマを変えてみる、グループの人数を変えてみる、小道具を使ってみる、音楽を変えてみる等の対処法が考えられます。

(4) 声のトーンの重要性

活動の内容を紹介する、表現についてアドバイスをする、動きを引き出すために言葉かけをする、演技の評価をする等、児童・生徒に声をかける機会は多くあります。その際、声の調子や言葉の選択は重要です。児童・生徒が元気づけられ、達成感が味わえるような言葉を用い、しゃべり方に気を配るようにします。聴覚障害の児童・生徒や認識力の低い者に対しては、声だけでなく、表情やジェスチャーを同時に使うようにするとよいと思います。

3）体ほぐし運動との関連

2002年から施行されている新学習指導要領の体育には「体ほぐしの運動」が位置づけられました。この「体ほぐしの運動」は、スポーツ教材では大きなストレスを感じたり、障害などにより参加が困難で、仲間との一体感を味わえなかったりする児童・生徒に配慮し、さらにこれを起点として体育授業全体のあり方を見直すことをねらっています。小・中・高等学校に在籍している障害のある児童・生徒にとっては、体育に参加する機会を増やすことになり、期待できます。

「体ほぐしの運動」の主なねらいは、「体への気づき」「体の調整」「仲間との交流」の3点となっています。このような観点から上記のダンスの実践例を考えた場合は、いずれの活動も「体ほぐしの運動」の教材としても実施することができます。例えば、「寝返りのダンス」は「体への気づき」や「体の調整」に適しており、「相手の動きを聴きましょう」は「体への気づき」「仲間との交流」に適しています。

【松原　豊】

文　献

1) Eichstaedt, Carl B, Lavay, Barry W : Physical Activity for Individuals With Mental Retardation, Human Kinetics Books, p233-248, 1992.
2) Gilbert, A G : CREATIVE DANCE FOR ALL AGES, NDA/AAHPERD, p22-56, 367-379, 1992.
3) Gough, M：ダンスの教え方・学び方. 玉川大学出版部, p17-23, 134-137, 1997.
4) 金田, 岩岡, 高田谷, 西, 松原, 若山：からだや動きで表現するために―障害児・者のアクティビティ向上にむけて―, 全国身体障害者総合福祉センター, 1997.
5) 松原　豊：肢体不自由養護学校のダンス教育その6. 筑波大学附属桐が丘養護学校研究紀要, **34**：78-83, 1998.
6) 松原　豊：表現としてのダンス・ムーブメント. 体育科教育 **46**（1）：68-71, 1998.
7) Rooyackers, P : 101 Dance Games for Childern, Hunter House, 1996.

4 球技

　球技は、子ども達に最も人気のある教材の一つです。投げる、捕る、打つ、走るといった運動から構成され、また屋内・外を問わない遊びとして、子ども達は自分の運動能力に応じてルールや用具を工夫しながら遊んでいます。

　ここで紹介するものは、障害の特徴や体力、運動能力に合わせてルールや用具を変更することで、障害のある児童・生徒が参加できるようになる球技種目です。

1. 野球・ソフトボール

　野球・ソフトボールは2チームが攻撃と守備を交互に繰り返し得点を競い合う種目です。

　個々に必要な運動技能は、攻撃ではバットを使用してボールを打つ動き、走塁の際の走る動き、守備ではボールを投げる動きと捕る動きで構成されます。

　ゲームの一番の楽しみは、攻撃ではヒットを打ち得点をあげることです。バッターとしてヒットを打った瞬間は誰でも楽しいと感じられるでしょう。また、守備では相手の打球を捕り（内野手は一塁に送球して）アウトにすることにあります。

　ピッチャーは、ゲームの中心となりバッターを三振にとるという楽しみも多い反面、誰でもできるポジションではなく特別な役割を持つと言えます。

1）指導の方法

（1）用具やルールの変更

　ルールは、そのスポーツを楽しむために作られたものであり、その種目を特徴づけるものです。したがって、ルールを変えることで種目の特徴が不明瞭になりどんな種目をしているのか分からなくなってはいけません。野球やソフトボールを楽しむためにも変えてはいけないルールと変えてもよいルールがあります。それらを考慮しながら、ここでは肢体不自由のある児童・生徒が参加できるようなルールを考えていきます。

攻　撃

　ピッチャーの投球した空中のボールを打つことが苦手なケースでは、

- バッターはピッチャーが投球したゴロのボールを打つ。
- バッターは打球面の大きなテニスラケット

写真4-20

を使用し、ピッチャーは硬式テニスボールを投げる（**写真4-20**）。
- バッターはティーアップされた静止したボールを打つ。

走　塁

打撃の時に、立位をとることが困難で膝立ちの姿勢で打つケースや、走る時に両杖を必要とする児童・生徒が片杖で立ち片腕でバットを振るケースでは、打った後一塁へ素早く走り出すことができないので、バッターランナーとして代走を利用する。代走はバッターボックスの後方に立ち、バッターが打った後にスタートする。

守備（内野手）

捕球や投球が難しいケースでは、
- 不随意運動が見られるために、グローブでボールを捕ることが難しいケースは、グローブにボールを当てて身体の前方に止めることができればバッターアウトとする。
- 片杖を使用しているため、捕球することはできるが送球することが難しいケースは、グローブで正確に捕球したらバッターアウトとする。
- 車椅子に乗りゴロのボールを捕ることができないケースは、打球を車椅子に当てることができればバッターアウトとする。

グラウンド

杖や車椅子を使用しているために走るスピードの遅いケースは、ベース間の距離を短くした小さなダイヤモンドを使用する。バッターランナーに代走が必要な場合は、代走ボックスを設定する（**図4-15**）。

ボール

筋力が弱くバットを強く振れないケースや、ソフトボールなど重さのあるボールでは打球を遠くに飛ばすことが難しいケースは、軽くて反発力の強い硬式テニスボールを使用して、打球が飛びやすくする。

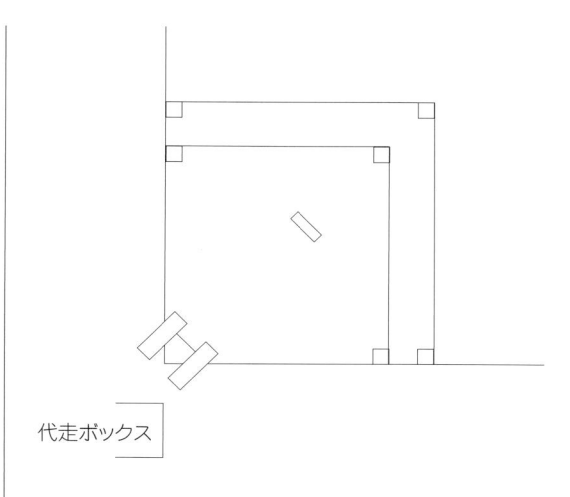

図4-15　代走ボックス

2）指導上の留意点

児童・生徒一人ひとりの特徴を見るときは、障害の特徴と運動能力に注目します。障害の特徴とは、障害の主原因が何であるか（脳性麻痺か脊髄損傷かなど）の把握と、障害のタイプ、部位、程度について詳しく検討します。例えば、四肢に不随意運動がみられるタイプ、位置感覚や視知覚発達に遅れが見られるタイプ、また脊髄に障害があり立位をとることができずに杖や車椅子を使用していることなどを整理します。

次に、運動能力は、野球に必要な打つ、走る、投げる、捕る運動のどの運動が難しいかを整理します。すなわち、手指の巧緻性が乏しいためにバットを振ることはできるがボールを正確に投げることは難しい、上肢に障害は見られずキャッチボールができるが、車椅子を使用しているためにゴロの打球を捕ることが難しい、というように、どの運動ができてどの運動ができないのかを具体的に整理します。

表4-3は、事例別に見た児童・生徒の障害や運動能力の特徴とルールの応用の参考例です。児童・生徒の特徴は、同じ障害名の同じタ

表4-3 児童・生徒の特徴とルールの応用

事例	障害と運動能力の特徴	ルールの変更や用具の使用
事例1 脳性麻痺 痙直型	補助具なしで走ることができる。 上肢の片側の麻痺が強いが、片腕でバットを振ることができる。利き手にグラブをはめ、捕球後、グラブを持ちかえてボールを投げることができる。	打撃：変更なし。もしくはラケットを使用。 走塁：変更なし。 守備：変更なし。
事例2 脳性麻痺 痙直型	車椅子を使用する。膝立ちの姿勢でバットで打つことができる。 打った後一塁まですぐに走れない。 キャッチボールはできるが、低いボールを捕れない。	打撃：膝立ちの姿勢でバット使用。 走塁：バッターランナーとして代走を利用。 守備：車椅子で打球を止めればアウト。
事例3 脳性麻痺 失調型	補助具なしで走ることができる。 空間認知や位置感覚が難しいため、空中のボールを打つこと、捕球することが難しい。	打撃：ゴロの投球、もしくはティーアップしたボールを打つ。 走塁：変更なし。 守備：ボールをグラブで止めることができればアウト。
事例4 脳性麻痺 アテトーゼ型	補助具なしで走ることができる。 投げたボールを打つことができる。 手指に不随意運動があり、ボールを正確に投げることが難しい。	打撃：変更なし。 走塁：変更なし。 守備：グラブで正確に捕球すればアウト。
事例5 二分脊椎	杖を使用して走る。 片杖で立ち、片手でバットを振ることができる。 打った後、すぐに走り出せない。 片杖で守備をして捕球、送球ができる。	打撃：変更なし。 走塁：バッターランナーとして代走を利用。 守備：変更なし。
事例6 脊髄損傷	車椅子を使用する。 バットを強く振ることができない。 キャッチボールはできるが、低いボールを捕ることができない。	打撃：ラケットの使用。 走塁：ベース間の距離を短くしたダイヤモンドを使用。 守備：車椅子で打球を止めればアウト。

イプでも一人ひとりまったく異なります。障害にとらわれずに、個々に合わせたルールの応用や用具の使用を検討する必要があります。

3）野球の種類と使用する用具

野球にはいろいろな種類があります。
ここでは、障害の有無にかかわらず授業に取り入れることができるものと、視覚障害者のために日本で開発されたグランドソフトボール（盲人野球）を紹介します。

● ゴロ野球（図4-16）
ピッチャーが転がしたボールを手やバットなどを使って打ちます。幼児から小学校低学

図4-16 ゴロ野球

年位までの運動能力の低い児童が楽しめる初歩の野球です。体育館など室内で行いますが、歩行が困難な児童が這って走塁することができるように、ベース間の距離を短くします。ソフトテニスボールなど柔らかいボールをプラスチック製バットで打ったり、バットのかわりにリレー用のバトンを使用してもよいでしょう。ゴロ野球を応用すると、野球やソフトボールの時に空中のボールを打つことが困難な児童・生徒は、ピッチャーが転がしたボールを打つようにすることで、参加しやすくなります。視覚障害のある人のスポーツとして考案されたグランドソフトボールは、ゴロ野球を発展させた種目と言えます。

●ハンドベースボール（図4-17）

バットやグローブを使用せず、素手でボールを打ったりキャッチしてプレーします。ボールは、ソフトテニスボールなど中空の柔らかいボールを使用します。用具を使わないので、片側の麻痺が強く左右の手の協応動作が難しいケースでも、障害のない手だけで参加することができます。また、ボールがあればどこでも行うことができます。

図4-17　ハンドベースボール

図4-18　ラケット野球

●ラケット野球（図4-18）

バッターはテニスのラケットを使用してボールを打ちます。ピッチャーの投げた空中のボールをバットで打つことが苦手な児童・生徒でも、打球面の大きなラケットを使用することで、打つ楽しさを味わいやすくすることを目的に行います。ソフトボールの授業では打つことが苦手な児童・生徒も、ラケットを使用することで攻撃場面で活躍する機会が増えます。ラケットで打つ場合、ソフトボールの代わりに軽くて反発の強い硬式テニスボールを使用すると、打球が速くなります。

●ティーボール野球（図4-19）

野球やソフトボールの導入段階として、ピッチャーが投げたボールを打つことが難しい児童・生徒に対して、ティーアップされたボールをバットで打つ野球です。最近ではニュー・スポーツの一種目として広く行われるようになりつつあります。

使用する道具は、バッティングティー、バット、ボール、グラブです（写真4-21）。ティーボールの最大の特徴は、ピッチャーがいないことです。代わりにホームベースの後方にバッ

図4-19　ティーボール野球

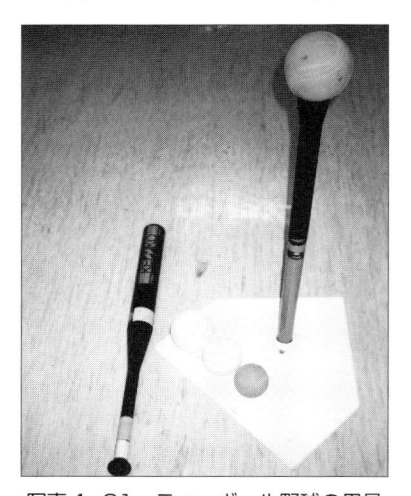

写真4-21　ティーボール野球の用具

ティングティーを置き、その上の静止したボールを打ちます。ボールが静止しているために打つことが簡単になり、ラケット野球と同様に打つ楽しみを味わうことができます。ピッチャーの能力に左右されず三振の機会が減るために、内・外野への打球が多くなり守備機会も増えるので、参加者全員が楽しむことができます。主に打力と守備力により勝敗が決まります。守備機会が増えるので、野手を増やして1チームの参加人数を10人以上にすることができます（日本ティーボール協会のルールでは1チーム15人まで可）。ボールは、ゴム製の中空の柔らかいものからソフトボールまでいろいろなボールを使用することができます。グラブは使っても使わなくてもかまいません。

●野球・ソフトボール

障害があっても、一般のルールに基づいた野球やソフトボールに参加することも可能です。アメリカのメジャーリーグでピッチャーとして活躍し、通算87勝を挙げたジム・アボット投手は右腕の手首から先がありませんでした。左手でボールを投げ、その後右手に抱えていたグラブを左手に持ち直して守備もこなしました。

日本でも、身体障害者野球チームによる全国大会が、毎年開催されています。現在、聾学校野球部は高等学校野球連盟への加盟、大会参加が認められており、機能障害の程度により普通の野球を楽しむことができます。

●グランドソフトボール

視覚障害児（者）のために、日本で開発された球技です。盲学校の体育教材の中では数少ない団体球技の一つです。

ソフトボールのルールを準用した競技で、キックベースやハンドベース、野球などのベースボール型競技の理解や技術の獲得に役立つと考えられます。

ピッチャーは、ハンドボール（3号球）を転がし、バッターはバットで打ち返します。1チームは、10名のプレーヤーと4名のコーチャーを中心に構成されます。

音を頼りに打ったり、守ったり、走ったりするプレーヤーがいますので、ゲームの中で静寂を求められる場面が多く存在します。

①**基本的な用具**（写真4-22）
・バット（ソフトボール用、軟式・公式野球用いずれでもよい）

写真4-22 用具

写真4-23 二つのベース

- ボール（ハンドボール3号球）
- ベース（ホームベース、守備ベース3枚、走塁ベース4枚）＊走塁ベース（80cm×50cm）

②グランドソフトボールの特徴

2種類のベース（写真4-23）

ベースは2種類準備します。一つは走者専用（走塁ベース）でもう一つは守備専用（守備ベース）です。これは、走者と守備者が衝突しないように工夫されたもので、走塁ベースには、それぞれコーチャーが待機し、走者を誘導（拍手や声で呼んだり、手や身体で止めるなど）してもよいことになっています。したがって、見えなくても練習すれば、1人で各ベースまで全力で走ることができるようになります。

全盲プレーヤー

1チームに4名のアイマスクを着用した選手（全盲プレーヤーと呼ぶ）をおきます。ピッチャーは全盲プレーヤーがつとめます。全盲プレーヤーがプレー中（打撃、走塁、守備、投球等）は、音を発してプレーの妨害をしてはいけません。また、反対にコーチャーは大きくはっきりした指示（音・声）で走者を誘導しなければなりません。

10人制

9人制のソフトボールに右遊撃手を加えた10人でチームが編成されます。指名打者制度や再出場の制度も、ソフトボールと同じようにあります。

③競技場

グランドソフトボールの競技場は**図4-20**のような競技場で行います。ファウルラインとノープレーラインの間を広くとると、「全盲プレーヤー」の活躍場面が増えます。

④基本ルール

基本ルールはソフトボールルールを準用しており、詳細は「全国障害者スポーツ大会競技規則集」、および「同競技規則の解説」（財団法人日本障害者スポーツ協会編）または、「グランドソフトボール競技規則・競技規則の解説」（全日本グランドソフトボール連盟発行）にあります。ここでは、授業で導入するにあたり、特に必要な事柄を取り上げます。

ピッチャー

ピッチャーは、キャッチャーの手ばたきが終わってからボールをアンダーまたはサイドハンドスローで転がします（**写真4-24**）。ボールは、ホームベースに到達するまで3バウンド以上しなければなりません。また、特に「全盲バッター」の時には、ベースよりボールの半径以上ボールが浮いて通過すると「ボール」になります。ボールの投影面（軌跡）が、ホームベースの一部を通過すればストライクです（**図4-21**）。

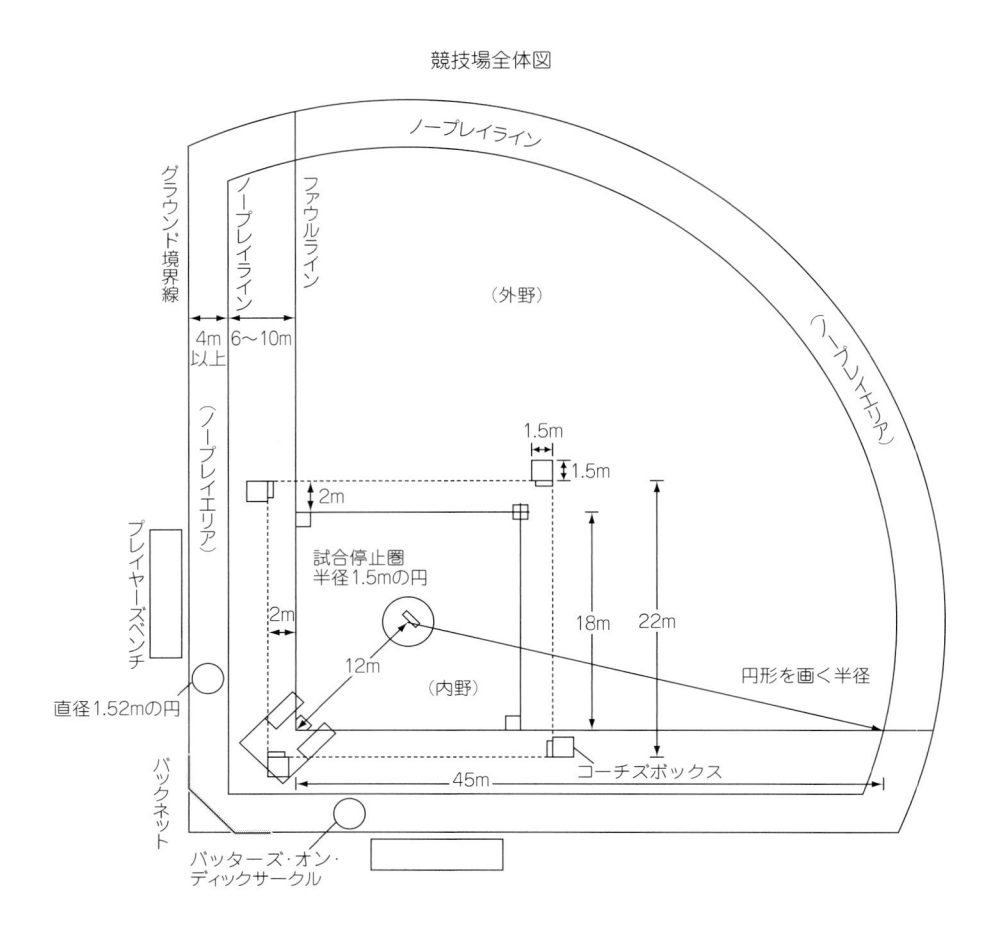

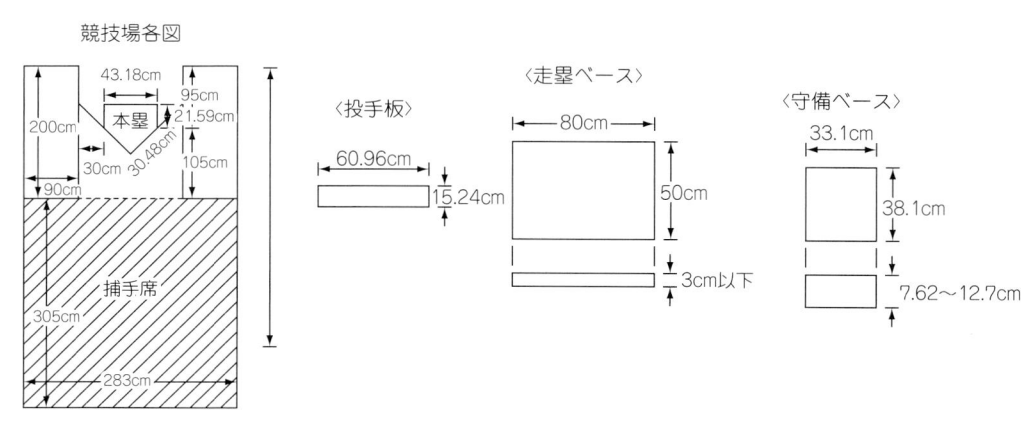

104   4章 授業に生かせるスポーツ教材例

競技場全体図

図4-20 グランドソフトボールの競技場

全盲プレーヤー

全盲プレーヤーに関して、ルール上いくつかの約束があります。

- 全盲プレーヤーがボールを捕る（**写真4-25**）と、すべて「フライキャッチアウト」になります。ただし、指示を受けて補球した場合は除きます。したがって、「全盲プレーヤー」の近くに打球が飛ぶとランナーは思い切って進塁することができにくくなります。ノープレーラインとファウルラインの間で補球した場合は、ファウルフライをキャッチしたことになります。

- 全盲プレーヤーがバッターのときは、内野フェア地域（守備ベースで囲まれた四角形）には、捕手と遊撃手および全盲野手だけしか入れません。また、弱視野手によるベースタッチや走者へのタッチも、軸足を動かして行うことはできません。例えば、1塁ゴロを捕った1塁手（弱視プレーヤー）がそのままボールを持って（軸足を移動して）

写真4-24　ピッチャーの投球動作　　　写真4-25　ボールの捕球

●ストライクゾーン（側面）
＊ベースの中央で、バウンドの高さを判定する
高さ9.2〜9.6cm

捕手　ホームベース　ストライク（沈むボール）　投手

●ストライクゾーン（平面）

ストライクコースを通過するボール

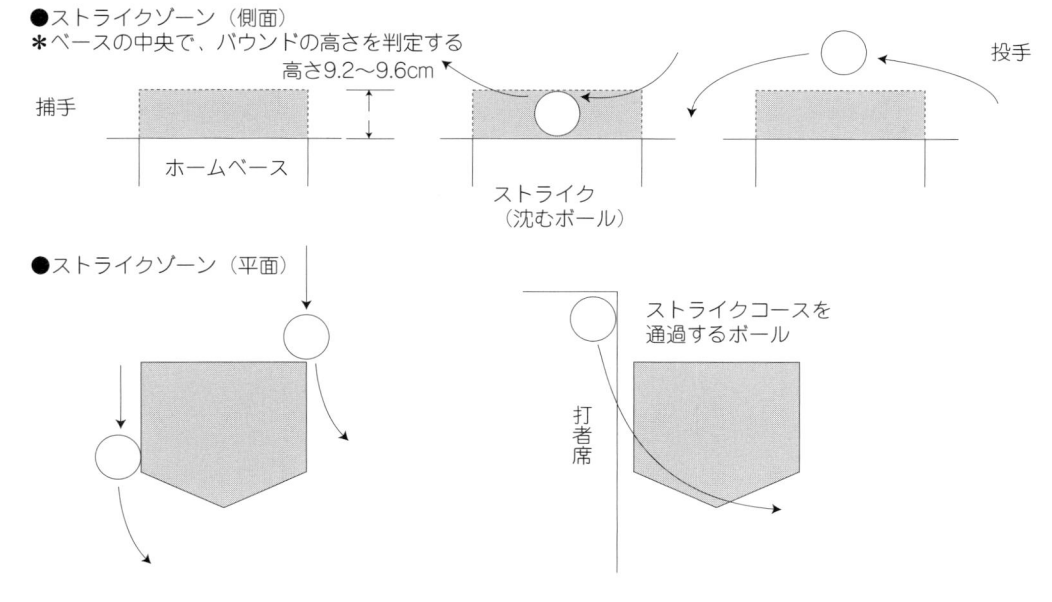

打者席

図4-21　ストライクの判定

1塁ベースを踏むことはできませんので、ベースカバーに入ったほかの野手にトスをすることになります。その間に全盲バッターが1塁走塁ベースに達すれば「セーフ」になります。
- デッドボールやパスボール、ワイルドピッチはありません。盗塁や離塁もありませんが、「全盲プレーヤー」の離塁だけは許されています。

ランナーコーチャー
- 各走塁ベースにはランナーコーチャーがつきます。ランナーコーチャーは、走者が安全にかつ適確に走塁できるよう声や手ばたきで走者に指示を出してよいことになっています。コーチャーの指示が試合を左右しますので、とても重要な役割です。

⑤**留意点**
- 「全盲プレーヤー」の衝突には、十分注意を払わなければなりません。特に、「全盲プレーヤー」がランナーにいる場合は、コーチャーが責任をもって声や手ばたきで誘導しなければなりません。バッターボックスへの誘導もコーチャーの役目です。また、ライナー性の打球が、「全盲プレーヤー」の顔面にあたらないよう、顔を伏せて守るよう指導しておくことも大切です。
- ボールが大きく重いので、突き指に注意しましょう。
- コーチャーには、ゲームをよく理解した者（指導者が望ましい）があたるようにしましょう。
- 弱視児（者）や肢体不自由児（者）とキャッチボールをするときは、バウンドボールを投げるようにします。

⑥**展開の工夫**
グランドソフトボールのルールは非常に複雑です。できるだけ簡単なルールに変更しながら段階的にルールの適応を考えていったほうがよいと思われます。例えば、晴眼児（者）が「全盲プレーヤー」になる場合、ピッチャーはアイマスクをつけないようにすれば「ストライク」が投げやすくなるし、打つ時にアイマスクをはずしてよいことにすれば、バッティングも簡単になります。肢体不自由児（者）の場合は「全盲プレーヤー」としたり、必要に応じて介助者をつけることによって、障害の有無にかかわらず、みんなが一緒に楽しめるゲームになると思います。

●**ボールをかえてみる**
ハンドボールは固くて重いので、バットで打つと鋭い打球が飛びますし、小学生ではなかなか遠くに飛ばせません。ドッジボールやバレーボールなどを使ってみてもよいでしょう。また、鈴入りのボールを使用すると「全盲プレーヤー」の活躍の場が増えます。

●**キックベースで実施してみる**
バットを使わず、キックベースボールの要領で実施してみましょう。また、転がってくるボールを蹴ることが難しい場合は、ホームベースの上にボールを置いて蹴ります。ただし、「全盲野手」がいつ打ったか分かるように、打つ前に合図（声を出すなど）をしましょう。ルール上、ピッチャーがキャッチャーの手ばたき後に投げなくてはならない理由は、打者や野手に「これから投球が始まりますよ」ということを知らせるという意味があります。

●**三角ベースで実施してみる**
児童・生徒や指導者の人数に応じてチームの構成人数を変えて実施しましょう。特にランナーコーチャーは、できれば指導者が務めたほうがよいので、三角ベースにして実施したり、1塁まで到達すれば1点というようなルールにすることもできます。

写真4-26　バッティング

● 「全盲プレーヤー」を体験してみる

ピッチング練習や守備練習・バッティング練習・走塁練習など、一度は全員がアイマスクを着用して、「全盲プレーヤー」を体験してみましょう。

- バッティング：しゃがんで構えるとボールの音が聞こえやすくなります（**写真4-26**）。
- 守備：低くかつ広く構え、身体の正面でボールを迎えるようにし、身体にボールが触れたら捕って持ち上げます。
- 走塁：コーチャーの指示（声や手ばたき）をよく聞きながらまっすぐ走ります。
- 投手：キャッチャーの指示を聞きながら、ピッチャープレートをよく確認（足や手で触って）して投げます。カーブやシュートに挑戦してみましょう。

野球は、障害のある人達にもなじみの深い種目です。障害のある児童・生徒が野球やソフトボールに参加する場合にも、ルールの変更やそのルールにそった用具の活用、グラウンドの変更が必要となるケースがあります。ルールの変更は一律に同じような配慮をするのではなく、一人ひとりの能力を考慮して攻撃と守備の場面毎に考えていきます。また、変更されたルールは複雑になりすぎないことが大切で、できるだけ単純にして一緒にプレーしている他の児童・生徒に分かりやすいものでなければなりません。しかも本人の課題として、簡単過ぎずに、努力する部分を残すことで、成功したときの達成感を味わえるよう設定することが大切です。

用具の変更については、ラケットの使用とボールの変更だけでも参加しやすくなります。このように他のスポーツ用具を応用するだけで、野球やソフトボールに参加する機会を増やすことができます。

【松浦　孝明・原田　清生（グランドソフトボール）】

参考文献
1) 吉村　正：ニュースポーツ百科［新訂版］．清水良隆，他編，p206-211，大修館書店，1995．
2) 全日本グランドソフトボール連盟：2005年改訂版グランドソフトボール競技規則：競技規則の解説，2005．

2. ボッチャ競技

ボッチャ競技は、赤、あるいは青のボールを投げたり、転がしたりして、相手より目標となる白いボール（ジャックボールと呼ぶ）に近づけることを競うゲームです。コートは、屋外でも屋内でも、平らな場所であればプレーすることができます。もともと、脳性麻痺など障害のある人を対象にしているため、参加者は性別、年齢、障害の有無などにこだわらず、誰もが手軽に楽しむことができます。

1) ボッチャ競技の特性

- ボールの投げ方に決まりはなく、自分の最も有利な方法で投げることができます（**写真4-27**）。また、手を使用せず、足で蹴ってボールを転がしてもよいですし、ボー

写真4-27 ボールの投げ方

ルを投げることが困難な競技者は、補助具を使用することができます。補助具は勾配具、またはランプスと呼ばれ、補助者が競技者の指示（言葉でなく、身振りや頭、目の動きなどでもよい）によって補助具を動かし、競技者の意志でボールを転がします（112頁、**写真4-31参照**）。（正式なルールでは、補助者はコートに背を向けて位置します）

- 使用するボールは、革製で完全な球型ではないため、偶然性も加わり、ゲームにおもしろさを与えています。また、必ずしも遠くに投げたり、強く投げたりする必要がないことや、ボールの投げ方を工夫することで、転がり方が変化するため、運動の苦手な児童・生徒や障害のある児童・生徒が活躍できる可能性を持っています。
- 児童・生徒同士で補助しあったり、投げ方や作戦を相談したりすることで、楽しく穏やかな雰囲気の中でゲームを進めていくことができます。
- 競技としては、単に目標に近づけることを競うことだけでなく、的になるジャックボールに自分のボールを当てて目標を移動させたり、自チームのボールや他チームのボールに当てたりすることで、戦況を変化させることが可能なため、指導方法を工夫することで、高度な作戦を必要とするゲームにすることもできます。

以上の特性から、小・中・高等学校の体育では、レクリエーションスポーツとして、小単元教材や、選択教材等に適していると思われます。

(1) 競技用コート

ボッチャ競技は**図4-22**のようなコートで行います。

(2) 基本ルール

① 競技者の1人が、ジャックボールをコート内の有効エリアに投げ入れます。続けてそ

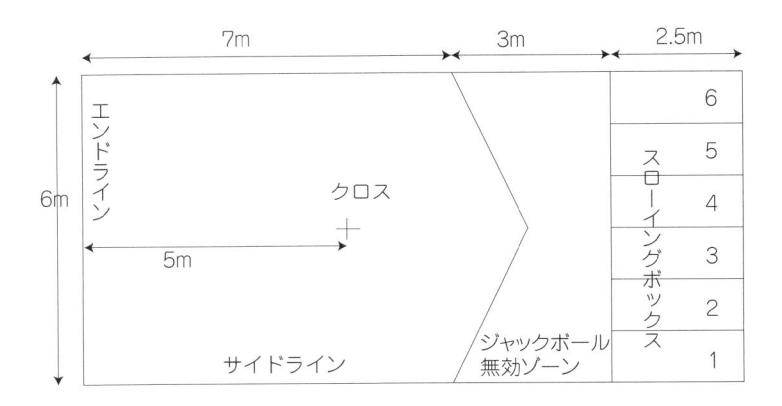

図4-22 ボッチャ競技コート図

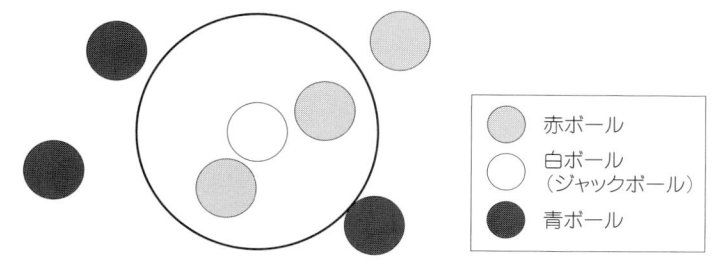

図4-23　得点の数え方（2対0で赤チームの勝ち）

の競技者が、自分のカラーボールをジャックボールに近づけるように投げます。
② 次は、相手の競技者がボールを投げ入れます。
③ その次に投げるのは、ジャックボールから遠い色の競技者（チーム）となります。例えば、赤いボールの方がジャックボールに近い場合、青いボールの競技者（チーム）が投げます。
④ ジャックボールから遠い色の競技者（チーム）が、相手の競技者（チーム）のボールより近くなるまで連続して投げます。
⑤ コートの外に出たボールはすべて無効（デッド）となります。ジャックボールがコートに打ち出された場合は、コート中央のクロスの位置に置かれます。
⑥ すべてのボールを投げ終えた時点で、ジャックボールに一番近い色の競技者（チーム）の勝ちとなり、相手競技者（チーム）の一番近いボールよりジャックボールに近いボールの数が得点となります。例えば、図4-23の例では2対0で赤チームの得点となります。ジャックボールに一番近いボールが、赤・青とも等距離の場合は同点となります。
⑦ 次の対戦（エンド）は、①で投げた相手の競技者（チーム）がジャックボールを投げ入れます。
⑧ これを、個人・ペアは4回、団体は6回繰

写真4-28　使用するボール

り返し、勝負はすべての対戦（エンド）が終了したときの総得点数で決めます。同点の場合はさらに1回戦（エンド）行い、勝敗を決定します。

（3）基本的な用具

赤ボール6個、青ボール6個、白ボール（ジャックボール）1個（**写真4-28**）

スコアボード、メジャー、投球指示表示板（片面赤、片面青のボード）

正規な競技に使用するボールは、日本レクリエーション協会などで購入できますが、高価なため、小・中・高等学校で教材として用意する場合は、他の安価なボールを使用してもよいと思います。ボッチャに使用するボールの目安は、ある程度重量があり、転がりにくいものがよいでしょう。また、木製のボールやソフトボールにガムテープを厚く巻き、赤、青、白のテープで印をつけたものを用いてもよいと思います。

2）指導の方法

ボッチャは競技方法が簡単であるため、それまでに経験がなくても容易に取り組むことができます。

小・中・高等学校で教材として取り入れる場合はボッチャ競技の特性を生かして、ボールを遠くまで投げたり、強く投げたりすることが苦手な児童・生徒にも楽しめる教材となります。さらに特定の個人が活躍するだけでなく、団体で協力することで勝負が決まる要素が強いため、協力する態度やじっくり作戦を立てる態度が養われます。

ボッチャを指導する場合、目的に応じた導入的なゲーム（Lead-up game）を楽しみながら、基本的なルール、投球の技能、目標への集中力、チームの中での協力などを段階的に学ばせるようにします。以下に、段階的な指導の方法と導入的ゲームの例を紹介します。

（1）前方にボールを投げる（投球方法の確認）

距離や方向を気にせずにボールを前方に投げたり、転がしたりしてみます。ボールの重さや大きさ、手触りなどを確かめながら、投げ方を工夫したり、補助具のランプスなどを試したりすることで、自分にあった投球の仕方を見つけることができます。また、指導者は参加者の実態に応じて、どのような補助が必要かを知ることができます。

（2）マットの上にボールを乗せる（距離感覚の把握と投球の強弱のコントロール練習）

2チームに分かれ、横に長く敷かれたセラピーマットや毛布の上に、離れた場所からボールを乗せるゲームをします（**写真4-29**）。ボールの勢いが強すぎても、弱すぎてもうまく止ま

写真4-29

写真4-30

らないため、投げる、転がす強さをコントロールする技能を養うことができます。マットや毛布の距離は「近い」、「中くらい」、「遠い」の3段階程度に設定するとよいでしょう。参加者はこの練習により、近い距離は手で投げ、遠い距離はランプスを使った方がよいなどの判断ができるようになります。

（3）フープの中にボールを入れる（投球の方向と強弱のコントロール練習）

前方に置かれたフープの中にボールを入れる練習を行います。ボールを投げる方向と強さをうまくコントロールしないと、フープの中には入りません。フープだけでは課題が難しい場合は、ターゲットを工夫してもよいでしょう。**写真4-30**のターゲットはコーンとリングを利用

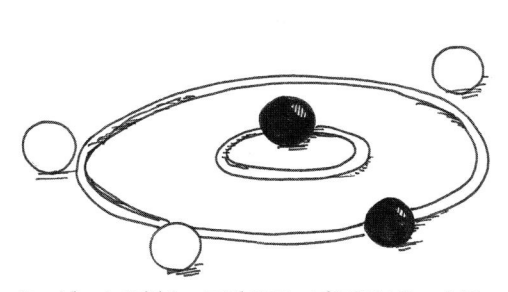

ターゲットの例1　二重のフープを用いる。内側と外側の点数を変える。

ターゲットの例2　フープとコーンを組み合わせる。コーンに当ててボールを止めることができる。

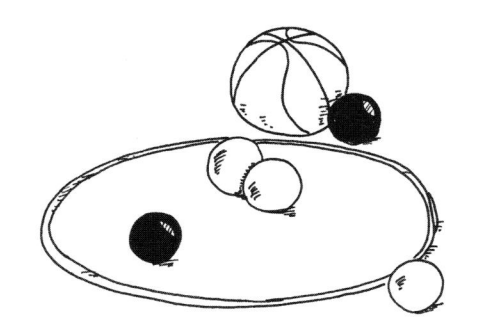

ターゲットの例3　フープの中のボール（バスケットボールなど）を打ち出す。

図4-24　ボッチャの練習や、導入的ゲーム（Lead-up game）に使用するターゲットの例

しています。複数のリングの中には数字を書いた紙を置き、リングに入ったボールの得点としたり、3球以上投げて、早く合計10点にしたりするなどのゲームを考えてもよいと思います。**図4-24**に、その他のターゲットの工夫を示しました。

(4) ボッチャ競技の団体戦を行う

3人1組のチームにより団体戦を行います。ボッチャ競技では、相手チームとの駆け引きや作戦が必要となります。ジャックボールをどこに投げればよいか。相手のボールをはじくか、味方のボールを押し上げるか、次に何番の人が投げるか等、状況に応じた選択や判断をしていくことで、さらにゲームのおもしろさが増します。また、チームの中でお互いに協力する態度も要求されます。

3）指導上の留意点

(1) 肢体不自由のある児童・生徒に対して

競技の時間が長いので、立位保持が得意でない児童・生徒には椅子を用意し、座ってボールを投げるか、あるいは投球時以外は座ったままでもよいとします。また、立位の体勢でボールを投げるときは転倒に注意し、必要に応じて側に介助者をつけます。

上肢に障害がありボールを投げることが困難な場合は、手で投げる以外に、足で蹴って転がす、勾配具・ランプスと呼ばれる補助具を使用してもよいことを伝え、その児童・生徒に応じた効果的な方法を選択させるようにします。補助具の例として、プラスチック製の樋を適当な長さに切ったものを使用することが多いようです（**写真4-31**）。補助具は介助者が支え持ち、

写真4-31

参加者の指示に従って動かすこともできます。体育活動の中ではチームの中でお互いに協力してゲームを進めていくことも大事になります。

「カナダ障害者アクティブ・リビング連盟」では、体育のインクルージョンを進めるための導入プログラムとして、障害のない子と障害のある子がペアを組んで活動する「ペア・システム」を採り入れて、効果を上げています。ボッチャ競技においても、障害のある児童・生徒と、ない児童・生徒が混在するチームの中では、共に助け合い、教師の補助がなくても自発的に活動できると考えられます。そして、それによってインクルージョンの意識を育てることができます。障害のない児童・生徒が、障害のある児童・生徒の補助具を支えたり、ボールをランプスの上に置くための補助や転がすためのタイミングを与えたりすることにより、自発的な協力関係が得られ、これをきっかけとして、体育以外の時間でも積極的にあいさつをする、話しかけるなどの交流が見られるようになった例もあります。

また、方向や強さに対する投球コントロールが苦手な児童・生徒の場合は、ボールの飛んでくる可能性のある範囲に他の児童・生徒がいないことを確認するなど、安全性に留意します。

ボッチャのボールは重量があるので、力の弱い児童・生徒や骨の折れやすい者には、軽量で転がりにくいスパイダーボール、スケレットボール（スポータイム製）を使用するのもよいでしょう。

（2）知的障害のある児童・生徒に対して

簡単な導入ゲーム（Lead-up game）をたくさん行うことで、楽しみながら活動を進めていきます。団体戦等の正式な試合は、ゲームを行いながら、その中でルールを説明していくようにするとよいでしょう。実際に身体を動かしながら、順番に手続きを説明していくことは、児童・生徒がルールを理解することを容易にするようです。

順番を間違えたり、忘れたりしないように投球する人の名前や、スローイングボックスの番号を呼ぶようにします。

一口メモ

ボッチャは南ヨーロッパで生まれ、イタリアやスイスのホテルやレストランで行われていたと言われています。ヨーロッパにはローンボウル、ペタンクなどボッチャと同じようなターゲット型のゲームが多くあり、公園などで楽しむ姿が見られます。

ボッチャ競技は、脳性麻痺者のためのスポーツ・レクリエーション協会（CP-ISRA）において、重度脳性麻痺者を対象とした競技として制定されており、欧米では重度障害者のスポーツとして盛んに行われています。現在では、パラリンピックの正式競技となり、ワールドカップも開催されています。日本では、レクリエーションスポーツとして、障害者スポーツセンターなどで行われていましたが、1999年に日本ボッチャ協会が設立され、各地で大会が開催されるなど年々競技人口が増加してきています。

（3）視覚障害のある児童・生徒に対して

　ターゲットの位置や目標を確認するために、ブザーの音や拍手等の音源を用います。介助者に方向、距離を指示してもらう等の援助が必要な場合もあります。

　弱視者の場合は的にするジャックボール（白）をもっと見やすい色、例えば明るい蛍光色にして、大きなボールに変更するなどの工夫が必要となります。

　正式なボッチャ競技は参加人数が少なく、競技に要する時間も長いため、小・中・高等学校の教材として取り扱う場合は、簡単な導入ゲーム（Lead-up game）を中心に行うとよいかもしれません。目標となるターゲットやルールを児童・生徒自身が工夫し、オリジナルなゲームを創作するのも楽しいと思います。

【松原　豊】

参考文献
1）千葉県障害者スポーツ・レクリエーション協会：国際脳性麻痺者スポーツ・レクリエーション協会ボッチャ競技規則．1998．
2）松原　豊：ボッチャを楽しもう．はげみ4，5月号，1998．
3）松原　豊：世界に広がる体育・スポーツの世界—ボッチャ競技について—．肢体不自由教育**145**：38-45，2000．
4）渡辺美佐子：みんなでボッチャをやりましょう．サンライズ情報6月号，1999．

3. ビーチボール

　誰もが一度は、夏の海岸でさわったことがあるビーチボールを使って、バドミントンのコートで行うバレーボールに類似したスポーツを紹介します。ボールを思いっきりアタックする醍醐味、そのボールの変化が意外性に富んでいる点など、年齢性別を問わずにバレーボールのエッセンスが楽しめるゲームです。

1）ビーチボール競技の特性

　ボールが柔らかく、突き指などの心配が少なく、場所も広くなくてよいという点は、バレーボールへの導入の初期段階に適しています。また、ソフトバレーに比べても、ボールのスピードが遅く空中での滞空時間が長いという点は、自分の意志を決定するまでの瞬時の判断に余裕を持つことができたり、ボールを追いかける時間がとれるので、バレーボールを苦手とする児童・生徒も楽しく参加でき、また運動量も多くなります。

　公式なビーチボール競技のルールはバレーボールのルールにほぼ準じており、それに沿ったゲームの運営ができるため、その後の授業でソフトバレー、バレーボールへとつないでいくこともできます。逆に、ボールの意外な変化やラリーの継続を通して、既存のバレーにとらわれないルールの工夫、例えば点数の上限を変えてみたり、サーブを打つ場所をアンダーハンドとオーバーハンドで特定してみたりといった自由度も高くなります。実際に行うプレーヤーの意識に、こういった考えが生まれやすいという利点もあります。

　単独の競技としても、ボールの展開がしやすいことからアタックが容易に生まれやすく、ブロックも想定した高度な作戦が必要になってくる競技になると思われます。

　以上の特性から、通常の体育授業では、バレーボール、ソフトバレーボールにつなげる導入段階や、バレーコートを多く設置できない体育館でバレーボール的な活動を行う際の種目として適しています。

図4−25　競技用コート

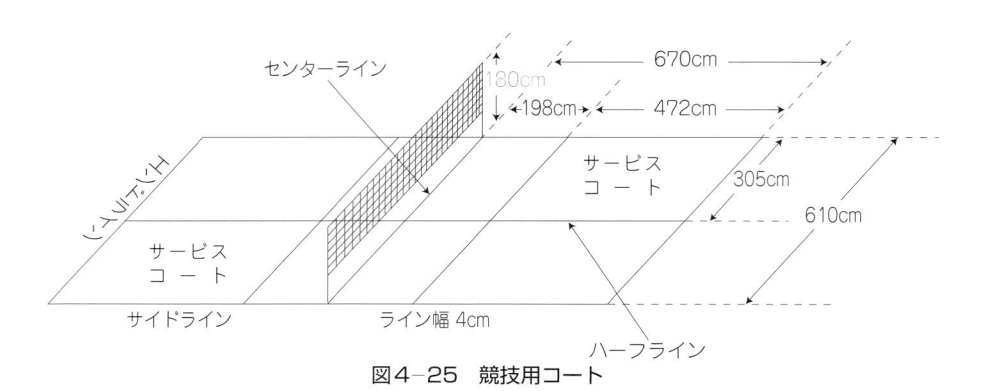

(1) 競技用コート

ビーチボール競技はバドミントンコート（ダブルス）を使います（図4−25）。

ビーチボールは変化に富んでおり、曲がったり落ちたり、あるいは伸びたりと、その変化に興味を持つプレーヤーも出てくるでしょう。ただし、ビーチボールは風に流されやすいため室内での競技が望まれます。

(2) 基本ルール

自由度を持ちながらゲームを模索することも授業では大切な要素となりますが、実際の競技会で行われているビーチボール競技のルールを簡単に説明します。

① チームは1チーム監督1名、プレーヤーは6名以内。補欠2名以内で実際のプレーヤーは4名です。
② サービスは1本とし、前衛右の位置にあるプレーヤーが、主審の笛によりサービスエリアから手、あるいは腕で相手コートへ行います。サービスはアンダーサービスとします。移動サーブ、ジャンプサーブは禁止。サービスは、サイドアウトが宣告されるまで同一サーバーによって行われます（図4−26）。
③ サービスしたボールは、ネットに触れてはいけません。

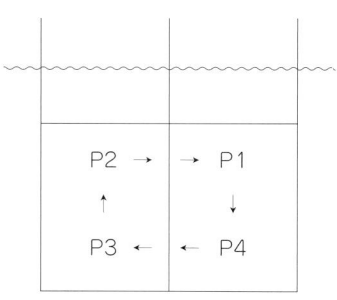

各数字（P1）はサーブを打つ順番を表します。

図4−26

④ 9点を先取したチームがそのセットの勝者となります。1試合は、3セットで構成され、その内、2セットを先取したチームが勝者となります。両チームが各々、8点になった場合は、2点を勝ち越したチームをそのセットの勝者とします。第3セットはいずれかのチームが5点に達したときにコートチェンジをします。
⑤ その他のルールはバレーボールのルールにほぼ準じていると考えてよいと思います。

(3) 基本的な用具

ビーチボールは、直径27cm±1cm、重さ75g±2gで、球状、白と緑のビニール製のものとします（写真4−32）。

使用するボールは公式には、白と緑のビニール製とされていますが、通常手に入る安いもの

写真4-32

でも楽しむことはできるでしょう。ただし、強く叩いた場合に、専用のものでないボールは破れるおそれもあるため、予備にいくつか準備しておくことをおすすめします。

競技用のビーチボールは、(財)朝日町文化・体育振興公社（TEL0765-82-1294）などで購入することができますが、通常、学校で行う際には、手に入りやすいビーチボールを代用することもよいと思われます。

２）指導の方法と障害別留意点

（１）聴覚障害のある児童・生徒に対して

バレーボールは、ボールゲームの類型で言えばネットをはさんで対峙して行う「テニス型」のスポーツです。他のボールゲームとしては、サッカーやバスケットといった「フットボール型」ソフトボール、キックベースといった「野球型」、または「ゴルフ型」があります。

聴覚に障害のある児童・生徒は、その障害の程度によっても異なってきますが、フットボール型のような前後左右からボールや声、音の飛んでくる状況は、幼い頃からそのスポーツに慣れ親しんだ経験のある者を除くと苦手なようです。さらに、フットボール型の競技は、その他のボールゲームと異なる特徴として、審判が移動することがあります。

バレーボールではゲームを司る審判が場所を動くことはありません。聴覚障害のある児童・生徒にとって、視点が一定の位置に定まることは、状況を整理しやすいことにつながります。今どこで何が起こっているのかを整理し、理解しながら、その種目に取り組めるということは、聴覚に障害がある児童・生徒が、スポーツに取り組みやすい大きな要素の一つです。

テニス型のボールゲームは、そういった状況を整理しながら授業を進めることができます。例えば「自分がサーブを失敗したから、相手の点になってしまった。だから次は、サーブの練習をしよう」といった考え方は、非常に明快です。

聴覚障害のある児童・生徒は、障害のない者と比較して体力的な差は大きく見られません。しかし、個々の児童・生徒が、その授業を受けて得る情報量に差が出ることで、児童・生徒の「やってみよう」「挑戦してみよう」という気持ちを萎えさせていきます。

この種目を行いながらもなお、集団へ参加しにくい聴覚障害のある児童・生徒に対しては、授業後に声をかけたり、話す時間をとって、心配や悩み事を解決できるよう援助することが、障害のない児童・生徒と同様に大切な働きかけになると思います。

（２）知的障害のある児童・生徒に対して

ビーチボールは、大きさを変えたり、色柄のついたものを選べるという点からも、楽しい雰囲気で活動できる場をつくりながら進めるべきでしょう。

ローテーションにはこだわらず、全員がサービス等で数回ボールに触れることができるよう注意を払うことが必要です。

ボールがネットを越えて何回も行き来する（ラリーが続く）ことが雰囲気を盛り上げてい

きます。または、ネットをおかずに、円になって上に打ち上げること（円陣バレー）を行うこともできます。

（3）肢体不自由のある児童・生徒に対して

ドリブル（ボールに2度触る）、ホールディング（ボールを持つ）、アウトオブバウンズ（ボールが地面に落ちる）といった、サーブ権が移動してポイントとなるようなルールに関して、補助をつけたりルールを一部工夫する必要があるでしょう。

しかし、行う前からルールを変更するのではなく、活動の中で児童・生徒からの自主的な変更や工夫が見られることが、もっとも望ましいと言えます。

この種目は、自由度が高くルールも変更しながら進めてよいといった点を、授業開始時に強調するとともに、授業中は中心となる児童・生徒に助言を与えながら進めることが大切になると思います。

3）展開の工夫

ビーチボールは、通常のバレーボールと比べてボールの操作が容易です。ソフトバレーに比べると、風の影響を大きく受けるのが難点ですが、手頃なボールでいつでもどこでも楽しめる点では、取り組みやすい教材です。

ビーチボール競技で使われるボールをバレーボール型のスポーツ以外にも用いることができます。さまざまな活動が考えられますが、普段、慣れ親しんでいるスポーツにビーチボールを利用することで新しい発見があるかもしれません。ここにその一例をあげます。

●ドッジボール

ビーチボールでドッジボールを行うことで、ボールが当たってもあまり痛くないことや、ボールが操作しにくくなり、なかなか当たらないことから、ボールに対する恐怖感がある児童・生徒にも参加しやすくなります。

●ハンドベースボール（手打ち野球）

小さなボールで行うよりもボールが取りやすく、打つ側も操作しやすいため、参加した児童・生徒の多くがボールに触れることができます。

また、ボールを打ち上げた際には小さなボールよりも落下点へ入りやすく、アウトが取りやすくなり、児童・生徒の間にある技術的な能力の差が小さくなります。

室内での実施や、ベースを三角にしたり、投げ当てアウトのルールを取り入れることで、ゲームの幅も広がります。

●プール

夏季授業で、プール指導の際に泳法指導後のレクリエーションの時間があれば、ビーチボールを使った水球やバレーボールなどに利用もできるでしょう。

●バレーボールに向けて

ビーチボールで「ラリーが続く」「ルールがわかる」といった様子がうかがえるようなら、ボールをソフトバレーボールへと変えていくとよいと思います。ビーチボールよりも弾力があるために、ボールの飛距離や速度も出てきますので、バドミントンコートからバレーボールコートへと移っていくのもよいでしょう。

また、技術的な面でもビーチボールは片手でレシーブができますが、ソフトバレーになると、片手では安定したレシーブがやや難しくなります。ですから、正面にきたボールに対して両手を組んだレシーブの形でとらえるようにしていくと、バレーボールへの導入がしやすくなるはずです。

【内田　匡輔】

4. 卓球

　視覚障害がある人のために工夫された卓球は、サウンドテーブルテニス「STT」という競技名で呼ばれています。

　通常の卓球のようにボールを空間でとらえるのではなく、聴覚を利用して平面で転がして行う競技です。音が出るボールをネットの下を通して打ち合う点が一般の卓球とは異なります。

　用具とルールを少し変更することによって、普段行っている卓球とはちがった楽しさをみつけることができます。

　下半身の動きも比較的少ないので、肢体不自由のある児童・生徒も参加できます。また、ボールがコートの外に出るとゲームが中断するので移動の範囲が狭く運動能力の低い子ども達からお年寄りまで楽しめます。

　プレーヤーはアイマスクをつけて視力を遮断して、ボールの出す音だけを頼りにボールを打ち合います（**写真4-33**）。

　ですから、騒がしい所で競技を行わない方がよいでしょう。実際にアイマスクを着用してプレーをしてみると、普段気にならない体育館の空調の音や話し声、他人の足音などが気になりますので注意をしましょう。

写真4-33

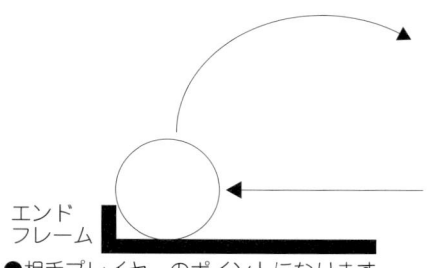

●相手プレイヤーのポイントになります。

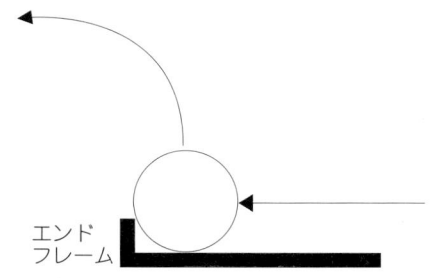

●相手プレイヤーのミスで自分のポイントになります。

図4-27

1）ルールと用具

（1）基本的なルール
サービス

　サーバーは自分のコートで両方のサイドフレーム（118頁、**写真4-34参照**）上端を結んだ線より手前の右側にボールを静止させて、相手に「行きます」と声をかけます。相手が「はい」と言ってから、相手コートの右側に向かってサーブを打ちます。サーブがネットに触れると失敗となり、相手のポイントになります。

リターン

　リターンの際、自分のコートのサイドフレームに当たったボールは有効で、そのままプレーを続けます。ただし自分のコートのエンドフレームにボールが触れると、ゲームが中断します。その際は、**図4-27**のようにして、ポイントの判定をします。

ホールディング

　コートとラケットの間にボールをはさんで押し出すように打った場合は反則です。

写真4-34　フレーム

ボールを打ったときに打球音がしない場合も反則です。

この程度のルールでゲームを行うことができると思いますが、詳しくは日本障害者スポーツ協会ルールブックを参照してください。

（2）用具（テーブル・ネット等）

一般の卓球台と同じ大きさのものを使用します。サイドとエンドに高さ1cmのフレームが付いています。エンドフレームはすべてに付き、サイドはエンドフレームから60cmのところまでつきます（**写真4-34**）。特別に卓球台を購入しなくても板をフレームのかわりに貼りつけることで、一般の卓球台でも代用ができます。ネットはエンドラインより137cmの距離に張り、下縁がコート面より4cmの高さにします。特別なサポートを使用しなくても、ネットの下方に紐を通して両サイドで引っ張れば代用できます。

ボールは、日本卓球ルールの規定に準ずるもので金属球が入ったプラスチック製のものを使用します。ラケットは木材であれば形状、大きさ、重量は自由です。ラバー等はなく、打球面は平坦でボールを打つときに音がしなくてはなりません。

2）指導の方法

最初から視力を遮断してゲームを行うのは困難です。ゲームの流れがわかるまでは視覚に頼ってエアホッケーの感覚で楽しむとよいと思います。

慣れてきたら、アイマスクを着用して正面から真っ直ぐな球をゆっくりと打ってもらいます。

最初は、まずラケットにボールを当てることを練習します。ラケットに当たるようになってきたら打ち返してみます。

相手コートにボールがリターンできるようになったら、相手から正面・右側半歩・左側半歩の場所に打ってもらいます。慣れとともに打球のスピードを速くしていくとよいでしょう。

また左右に2、3歩はなかなか移動できないので、卓球台の幅を1/2にしたコートで、もしくはダブルスのように2人でプレーするのも効果的な練習方法です。
【寺西　真人】

5 フライングディスク

　フライングディスク（以下FDと記す）の発祥は、アメリカイェール大学の学生がパイ皿を投げて遊んだことからはじまったという説が一般的ですが、フリスビーという商品名で世界中に爆発的に広まった遊具です。

1）特性と用具

（1）フライングディスクの特性

　FDの特徴は、安価で手軽に手にいれることができること、そして狭い空間でも広い空間でも安全に楽しめるということがあります。単純な技から複雑な技まで技術の幅が広く、親子や友人間でも気楽にできるスポーツですし、競技会に出場して覇を競う機会もあります。
　FDは最長飛行距離211.32m、最高速度が時速152km、最長滞空時間が16.72秒という飛行性能を有しています。この飛行性能がさまざまなFD種目の特徴を作っていると言えるでしょう。

写真4-35　フライングディスク

（2）基本的な用具（写真4-35）

　ディスクにはいろいろな種類があり、円の直径の大きなサイズの物、小さい物、重量のある物、ない物等さまざまです。
　初心者には、ウレタン製のディスクが痛くなくよいでしょう。慣れたら、プラスチック製のディスクに変えるようにします。そのほうが安定して飛びます。
　それから、ディスクゴルフの競技を楽しむ人は、多数のディスクを持ってコースを回り、状況によっていろいろ使い分けます。遠くに飛ばすための物は、偏平のふくらみが薄く、空気抵抗を受けにくいように設計されており、重量も少し重めです。大きく曲線を描くように投げるためのディスクは、偏平のふくらみが大きく、特に中央部が厚くなっています。

2）指導の方法

（1）投げ方の基本

　投げ方の基本としては、ディスクの回転と、投げ出す方向の二点がポイントとなります。**写真4-36**のように、ディスクを持った手の手首を巻きこむ形で、ディスクを持っていない手の腋の位置に地面と平行にディスクをかまえます。その位置から右肩と左肩を結んだ線に平行な軌跡を描かせて、ディスクを前方に投げます。
　ディスクの投げ方はフォアハンドスローと、バックハンドスローがあります。他にもありますが、通常はこの二つを覚えれば十分です。初

写真4-36 バックハンドスロー

心者はバックハンドスローがコントロールをつけやすく、また、回転もかけやすいので、バックハンドスローから練習を開始します。

しかし、バックハンドスローは、日常生活の中でほとんど体験しない動作なので、特に障害のある児童・生徒にとって、授業導入が大切になります。

右手でディスクを投げる時に、回転をかけようとして手首を使用すると、テイクバックの時に空を向いていた親指の爪が、手を離れる時には横または下を向きます。するとディスクに強く回転がかかり、右に放物線をかいて落下し、飛距離も伸びません。前述したように、軌跡を水平に保って投げることができるよう注意をすれば、初心者でもかなり飛ばすことができます。

リリースまでの軌跡が右肩上がりになると、ディスクの飛び出す方向が上になります。そうすると、ディスクは投げた人の方向に戻ってきてしまいます。投げ出す瞬間が肩より上に上がらないようにするために、指導者が投げる人と正対して立ち、ビート板を相手のほぼ胸の位置に差し出し、その下を潜らせて投げるようにさせます。ビート板がないときは、ディスクを代わりにしてもよいのですが、ビート板の方が当たっても痛くないので、安心して練習ができます。投げる時には、最初に肘が目標物に向かって真直ぐに出て行くようにします。しかし、肩を支点として腕全体を振り回さないような注意が必要です。肩を支点として腕を振り回すように投げると、目標より大きく右に曲がります。

3）フライングディスクを使った競技

現在、公式競技として、運動量の少ない的に投げ入れるアキュラシー競技から、運動量の激しいアルティメットまで10種目（**表4-4**）がFD協会から公認されています。授業では、これらの競技の他にも教材として使えるものがいくつかあります。

ここでFD種目をいくつか紹介します。

●ディスタンス

何といっても、ディスタンス競技はフライングディスクの基本です。

基線からより遠くに投げることを競う競技ですが、回転と推進力を強めて調和させて投げる

表4-4　フライングディスク競技10種目

名　称	概　要
アルティメット	各7人からなる2チームが、コート内でディスクをパスによって運び、敵陣エンドゾーン内で味方からのパスをキャッチすると、ポイントになります。
ガッツ	各5人ずつの2チームが、14m離れた平行線上に向かい合いディスクのスロー、キャッチを行います。
ディスクゴルフ	専用のバスケットが設置された、通常18ホールのコースを回る競技です。
フリースタイル	1枚または複数のディスクを使用し、規定時間内に、音楽に合わせてスロー、キャッチを中心にテクニックを駆使して演技を行います。
ダブルディスクコート	2人1組の2チームが17mの間隔をあけた13m四方のコートに分かれてプレイします。各チーム1枚のディスクを相手コートに投げ合い相手チームに2枚のディスクを同時に持たせるようにする競技です。
ディスカソン	約1kmのコースを2枚のディスクを交互に投げて進み、スタートからゴールまでのタイムを競う競技です。
ディスタンス	ディスクの飛距離を競う競技です。
アキュラシー	スローコントロールの正確さを競う競技です。
スロー・ラン・アンド・キャッチ	投げたディスクをできるだけ遠くでキャッチし、その距離を競う競技です。
マキシマム・タイム・アロフト	ディスクを投げてから、キャッチするまでの滞空時間の長さを競う競技です。

と100m近く投げる人もいます。推進力と回転がうまく調和すると、あまり力を入れなくても10m程度は飛びます（初心者の人は直径23cm、重量100gのファーストバックモデルを使うようにします）。

　3m程度の距離から互いに正対して構え、胸の前で持ったディスクを腕の振りを使わず、たたんだ肘を伸ばすだけで、主に手首の回転を使って投げあう練習をして、手首の使い方を覚えます。徐々に腕の振りを加える投げ方に移行していきます。距離をとると遠くに投げようとして肩を支点として腕を振り回す投げ方になりますから、そのようにならないよう注意しましょう。

●アキュラシー（図4-28）

　アキュラシーとは、「正確さ」という意味です。正確さを競う競技全般をアキュラシーということができますが、全国障害者スポーツ大会の種目では、地面より高さ0.61mに備えられ

図4-28　アキュラシー

た直径0.915mの輪の中に5m〜7mの距離のスローイングラインから投げ入れる種目を意味します。

　10枚のディスクを投げて輪に入った枚数で得点を競います。

　この他に、アキュラシー系の競技としては、ストライクアウトがあります。1〜9まで番号がふられた9枚の正方形の板が縦横3枚ずつマ

ジックテープで止められて並べられ、それを12枚のディスクで落とす競技で、最近TVの技術コンテスト番組でも用いられています。

また、アキュラシー系の競技として、ディスクボッチャがあります。これもディスクを使ってボッチャのように決められた1枚のディスクの近くへ投げる競技で、体育館等の屋内で床の滑る場所で行う方が面白いと思います。

これらの競技はディスクを意のままに操作できるコントロールが必要となりますが、的との距離を近くすれば初心者や障害のある人でも比較的得点を得ることができます。

● **ドッチビー（図4-29）**

ドッジボールのボールの代わりに、ディスクを用いるもので、用いるディスクは、当たっても痛くないウレタン製のものを用います。

最初は、通常のドッジボールでなく、円形または長方形一つだけのコートで、ディスクに当たったら円、または長方形の外に出るという方法で行うと、児童・生徒に理解させやすいと思います。

飛来物に対して極端に恐怖心を持つ人もいます。その人達には、指導者が楯になってガードをしてあげるなどの配慮が必要でしょう。

図4-29　ドッチビー

● **ディスクゴルフ**

ゴルフのようにホールを設けて、それに投げ入れていく競技です。各ホールごとに投げる回数を決めておき、その基準回数を投げた回数から減算し、数が少ない人が勝利者です。学校や施設内の敷地を有効に使い、歩きかつ投げるという動作の繰り返しですから、それ程きつくもなく、競技性も加わったエキサイティングな運動として楽しめます。

何回かコースを回った後、みんなで相談して、個々に応じたハンデを設けると、みんなが対等にゲームを楽しむことができます。

また、ホールを児童・生徒と相談しながら設けて、技術の向上にともなって、複雑なコース設計をすると楽しみも増します。ホールは、専用のものが販売されていますが、玉入れのカゴ、バケツや、フラフープなどを用いることができます。ディスクゴルフは広場や校庭などの野外だけでなく、体育館など屋内でも実施できます。体育館で行う場合は、マットやフープなどの身近なものを障害物にしたコースを考えることで、ゲームが面白くなります（図4-30はコースの1例です）。

● **アルティメット**

アルティメットは、元々、アメリカの高校生がFDを使ってフットボールを始めたのが起源とされている競技で、サッカーやバスケットのような敵味方が入り乱れるスポーツに似ています。

各7人からなる2チームが、コート内（図4-31）でディスクをパスによって運び、敵陣エンドゾーン内で味方からのパスをキャッチするとポイントになります。

ディスクを持って歩くことは許されていません。そのため、ディスクをよりよい形でもらうために攻撃側のプレーヤーはフィールドを縦横

図4-30　体育館で行うディスクゴルフコースの一例

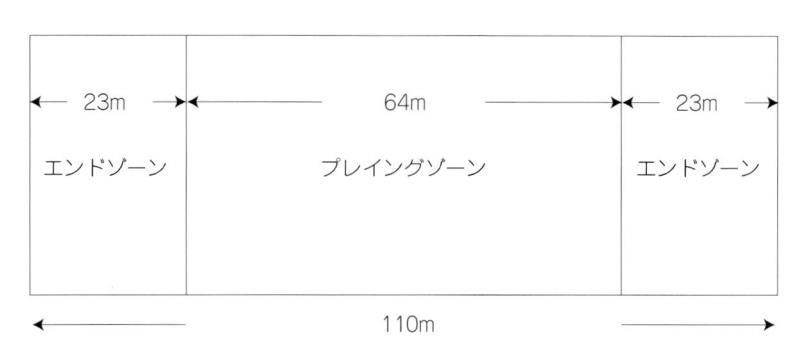

← 23m →	← 64m →	← 23m →
エンドゾーン	プレイングゾーン	エンドゾーン

←――――――――― 110m ―――――――――→

※取り囲むラインのすべては、フィールド外と見なされています。屋外で行う場合には、風の影響を考え、得点をする毎に、守るべきエンドゾーンが交換されることになっています。

図4-31　アルティメットのコート

無尽に駆け回り、パスコースを探さなければなりません。守備側のプレーヤーは、周囲を見ながらパスコースをふさぐために奔走します。

ドリブルではなくパスで前進し、シュートではなくパスをつないで得点するというアルティメットの特徴は、パスの重要性を自然と強調してくれます。パスは当然のことながら1人ではできないことから、集団での練習やプレーが強調されることになります。

アルティメットでは、身体的な接触も一切認められません。ですので、男女共修といった形態での学習も可能になると考えられます。

これらの特徴から、フライングディスク競技を単元に取り込んだ形の一つとしてアルティメットを行うことや、アルティメットを単独の教材として扱う、または、サッカーやバスケットなどのボールゲームでパスを強調する際の導入ゲーム（Lead-up game）に適しています。

4）指導上の障害別留意点

（1）聴覚障害のある児童・生徒に対して

聴覚障害のある児童・生徒は、ディスクを使った教材に限らず、他の身体的障害をともなわない場合、ほとんどの競技に参加することに問題はありません（医療上の注意事項はあらかじめ把握しておきます）。しかし、多くの人が入り乱れてプレーする状況が苦手とする傾向がありますので、アルティメットのような「フットボール型」の競技を行うときは、あらかじめLead-up gameの段階で、徐々に参加人数を増やしていくプログラムを組むなどの配慮が必要となります。

また、競技の前にはルールの確認を十分にしておきましょう。競技がはじまると指示を与えにくい状況も予想されますので、移動できる黒板なども用意しておいた方がよいでしょう。

（2）肢体不自由のある児童・生徒に対して

肢体不自由のある児童・生徒は、フライングディスクを投げるのに困難な場合があります。一般的な硬いディスクは、上肢（手、腕）に不自由がある児童・生徒にとっては持ちにくく、投げにくいものです。その場合、握りやすいソフトビニル素材のフライングディスク（写真4-37）を用いることで、活動に参加できる可能性が広がります。

活動内容に関して、車椅子を使用している者は、上肢に障害がない場合でも、遠くまで投げることを競うようなディスタンスやスロー・ラン・アンド・キャッチ等の種目は活動するのに困難を伴う場合があります。

肢体不自由の児童・生徒が参加している場合は、ディスクゴルフ等のターゲット型の種目が取り組みやすいでしょう。ディスクゴルフは専用のバスケットをホールとし、ゴルフボールの代わりにフライングディスクを使用する以外はゴルフと同じように行います。

使用するディスクは個人の力に合わせて、前述した柔らかいディスクや、軽いディスクを使用しても構いません。飛距離に差がある場合はティー位置（最初にディスクを投げる位置）を変更してもよいでしょう。ゴルフと同じようなハンデ制を採用することで、能力の異なる児

写真4-37　ソフトビニル製のフライングディスク

童・生徒が対等に競えます。

（3）視覚障害のある児童・生徒に対して

フライングディスクを、思った方向や角度、距離に投げられるように学習を進めることが大切です。最初はディスクゴルフやディスタンスを体験するのもよいでしょう。その上で、アルティメットに挑戦する場合は、スローオフ役（試合開始時にディスクを投げる人）、投げ入れ役としては十分活躍できるでしょうし、工夫によっては競技そのものを共に楽しめるようになるでしょう。

例えば、キャッチのかわりに、身体の一部でも触れればディスクをキープできるといったルールを作りながら、ゲームを実施することも可能です。キープして目標となる人に投げる場合、その目標以外の人が声を出すことを禁じて行うことも工夫の一つでしょう。

ディスク自体に音の出る仕組みを取り付けることも可能です。例えば、中心部に小さな穴をあけ、そこに凧糸などで鈴を結びつけると音を出すことができます。

また、見ている人がいれば競技の実況中継を行う授業を作ってみるのもおもしろいでしょう。ラジオのアナウンサーがさまざまなスポーツ場面を、実況中継するように授業を進めることで、状況の見えない児童・生徒も楽しむことができるでしょう。

5）展開の工夫

FD種目はその一つ一つがLead-up gameとしても、競技としても楽しむことができるでしょう。ここでは競技に入るまでのゲームをいくつか紹介します。

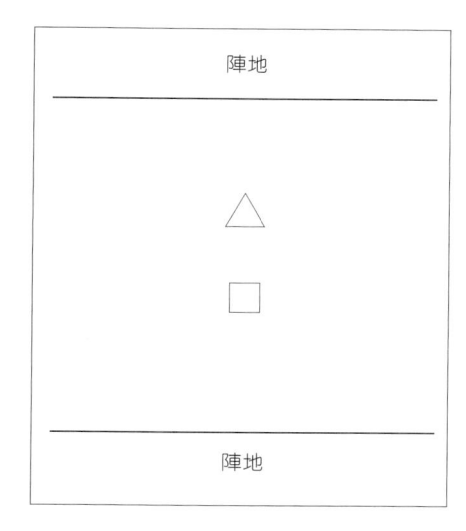

図4-32

（1）2人組の活動

●ペア・スロー・ラン・アンド・キャッチ

遠くに投げる練習のために、スロー・ラン・アンド・キャッチ（以下スローラン）を2人で行います。1人が投げることに集中して、もう1人は猛然とダッシュして、ディスクを取りに走ります。本来のスローランは、1人で行うものですが、それを2人で行うことで会話が生まれ、雰囲気も変わってきます。1人で行うスローランの世界記録が92m64cmで、日本の大島寛選手（1998年）が保持しています。何回で大島選手にたどり着けるか、等楽しめると思います。

●陣取りゲーム

最初に、自分の陣地を背後におきます（図4-32）。その中でお互い（△□）がディスクを投げ合います。はじめの距離は、お互いにディスクを投げて届く距離がよいと思います。どちらから始めても構いませんが、ここではじゃんけんにしましょう。ルールは、ディスクが、□の背後にある陣地に入れば、△の勝ちになります。スロー側は、ステップを一歩だけ行い、スローします。キャッチする側は、自由に動いて

キャッチに走ります。ディスクが落ちる前にキャッチできれば、その場所から三歩前進できます。ですが、落ちたときは落ちた場所からのスローになります。キャッチした瞬間に陣地に入っていても、三歩で出てこれるなら、セーフです。1対1の時は、できるだけ相手の準備ができてからスローするよう呼びかけた方がいいでしょう。

このゲームを、2人対2人で行い、ダブルディスクコートへとつなげることもできます。

(2) チームでの活動

●パスゲーム

既存のバスケットやバレーボールなどのコートを使ってできるゲームです。ディスクを持っている人はピボットターン以外に動くことはできません。時間を決めてその間に、パスを何本通すかや、5本のパスを通す時間を競います。その際に、パスを通される側（カットする側）の人数を1人減らすといったルールを作ってみても面白いでしょう。

●的当てゲーム

バスケットのセンターサークル内に、コーンや高跳びのスタンドなど的になるものを立てます。オフェンス側は、ディスクを的に当てるコースを、パスをしながら探していきます。ディフェンス側は、決められた時間、的にディスクを当てられないようディフェンスします。当たれば1点として、時間を決めて攻守交代するゲームです。ディフェンス側の人数は、オフェンス側よりも少なめがいいでしょう。

【内田　匡輔・後藤　邦夫・松原　豊】

6 スキー

　平成11年３月告知の盲学校、聾学校及び養護学校の学習指導要領総則3では「学校における体育・健康に関する指導は学校の教育活動全体を通して・・・生涯を通じて健康・安全で活力ある生活を送るための基礎が培われるよう配慮しなければならない。」とあります。学校時代に、生涯スポーツを念頭に置いた指導を、体育のみならずその他の教科と共に行うべきことを示唆していると理解することができます。

　かつて、全国の養護学校で、スキーの指導をどの程度行っているか調査をしたことがあります。全国の養護学校の23.8％の学校が、スキーの授業を何らかの形で実施していました。北海道、東北では60％以上の学校が実施しています。

　スキーは、ウィンタースポーツとして、多くの人が親しんでいます。特に冬場の活動量が低下する時に、とても良い活動であると言えますし、家族や友人と行うツアーは楽しいものです。

　東京のある養護学校では、中学部、高等部一貫して在学中にスキー合宿を設けています。多くの児童・生徒は、ゆるやかな斜面なら、リフトに乗って頂上まで行き、スキーを操作しながら降りてくることができるようになります。そして卒業後、仲間と保護者の方の引率で、スキーツアーを楽しんでいます。

　寒冷地に住む人達は、スキーに接する機会が多くあると思われますが、温暖で降雪の少ない地域では、スキーをするためには電車やバスなどの交通機関を使いますので、スキーを滑るという楽しみのほかに乗り物での旅行という楽しみも加わります。このように、ある技術を覚えると、生活の幅を大きく変えることができます。

　しかし、寒冷地に住む人とちがって、手軽にスキーに接することができない人達は、スキー学習はそれなりの工夫が必要となります。まず、体育単独の教科としての学習では、無理があります。しかし、前述のように学習指導要領では、総則の3で「学校における体育・健康に関する指導は、学校の教育活動全体を通して適切に行うものとする。・・・』と記されていますので、いろいろな教科・領域と合わせた形での指導を行うことが可能となり、行事として総合的に学習を展開することができます。以下、指導の手順を記します。

１）事前の学習

（１）スキーを始める前に

　スキーは重く、動きを制限される用具を用います。例えば靴ですが、最近の靴は軽くなったとはいえ、踵が上がらず、踵から爪先に向かって力を伝えにくい構造になっていますし、さらにスキーをつければ足枷をつけているようなものです。そのため、スキーは楽しい活動だと思う前に、靴とスキーをつけただけでいやになってしまう人もいます。ですから、友人や先輩が楽しげに滑っているシーンのＶＴＲ映像や写真を見せ、スキーは楽しそうな活動であること、あの活動をするには、特別な靴を履き、重い板

写真4-38　事前の練習風景

写真4-39　歩行の練習

を着けねばならないことを児童・生徒に十分理解させます。

（2）身につける用具と事前の学習

　スキーをするには、身体にぴったりしたアンダーウェアーや皮製の固い手袋を身につけたり、靴には普段ほとんど使用しないバックルを使ったりと、事前に慣れておく必要のあることがいくつかあります。例えば手袋ですが、手指の先まで力を入れることができにくい知的障害のある児童・生徒は、一本一本決まったところに指を入れることができない人もいます。また、アンダーウェアーもピッタリとしているため、うまくはけない人もいます。

　さらに、靴の履き方、板のつけ方など、滑る以前に身につけておくべき技術もたくさんあります。それらはスキー場に行く前に身につけさせたいものです。スキー場に行ってから初めて体験すると、それだけで初日の活動が終わってしまいます。ですから、ここに記したことは、事前の学習として徹底しておいて欲しいものです。

（3）用具の操作に慣れる

　滑る準備ができたら、今度は実際の用具の操作です。まず、スキー靴を履く練習です。そして歩く練習をします。床の上ですと傷がつきますから、マットとかシートとかで床を保護します。固い地面でしたら、建築用のシートを敷けばよいでしょう。歩き方に戸惑う人もいますから、ゆっくり歩く練習をします。次第に慣れてきたら、ウレタン製の厚いマット上で、フワフワした不安定な所も歩く練習をします。これが練習できれば、かなり効果があがります（**写真4-38、39**）。

　次の段階は、スキーをつけての歩行です。始めは片足にスキーをつけて歩きます。慣れたら両足にスキーをつけます。そして、先ほどのウレタン製のマットの上で転ぶ練習もさせたいものです。前のめりで転ばないことと、転んだときに手を先につかない指導が必要です。

　転んだ時に自力で起きることができれば、指導者の負担はかなり軽減され、同時に複数の児童・生徒の指導も可能になります。以上の活動を事前に十分に行っておきましょう。

　次の段階はゲレンデでの練習に入りますが、スキーの持ち運びの練習もしましょう。歩きにくい靴を履いて、なおかつ重い板を持ちますので、力のない児童・生徒には無理な場合もあります。そのような時は、板一本だけ持つとか、ストックだけとかにしないと、スキー場に行く前に、スキーが嫌になってしまいます。また、スキーを地面と平行に肩に担ぐと、姿勢を変えた時に担いでいるスキーが他の人に当たる可能

性があります。できるだけ、地面と板が垂直になるように持つ指導が必要です。スキーのトップを上にして、中央部よりもややテール寄りに持つことで前後のバランスがとりやすくなります。

2）指導の方法

(1) 歩　行
始めは歩行です。場所を選びましょう。雪面が固からず柔らかすぎずといった場所を選びます。固いと滑って前に進みません。柔らかすぎるとズボズボと入ってしまいます。事前学習でやったように、片足にスキーをつけて歩きます。前進、後退、八の字コース、横歩きなど、いろいろな歩き方、そしていろいろな地形を利用します。慣れたら、両足にスキーをつけて同様な練習をします。ミカン拾いやリレー、スズランテープで場所を区切って鬼ごっこなどを活動にいれると楽しみながらできます。

視覚障害の児童・生徒は、ある程度歩けるようになったら、早めに滑る感覚を楽しんだほうがモチベーションが高まります。

(2) 緩やかな斜面を滑る
ごく緩斜面で、滑る感覚を楽しみます。滑った後は自然に止まるように、斜面の終わりは平地となっている地形を選択します。始めは横か後ろで支えてあげます。滑るスピードが遅ければ、恐怖で進行方向と逆におしりを引いて後ろに倒れることはないと思います。数回繰り返すと、ごく緩斜面では、補助が徐々に必要となくなってきますので、1人で滑る感覚を楽しませます。もし、登ることに苦労をしているようでしたら、板をはずして緩斜面を登らせます。スキー板をつけて無理に登らせると、疲れますし、嫌になってしまいます。

さらに慣れてきたら重心の位置を変えてみます。雪面に落ちている帽子やミカン、飴等を拾う練習や、ゴルフのネトロンを指導者の1人が雪面に平行に持ち、その下を潜るといった活動を混ぜます。また、滑りながら手を大きく広げて、左右に身体を傾けさせます。重心の位置を左右にずらす活動ですが、左右均等に荷重している状態のバランスを崩す意味があります。

(3) 長い斜面を滑る
慣れたら、少し距離の長い緩斜面を滑らせます。できればリフトを使います。リフトの降り口は、通常最も斜度がきつくなっています。安心して滑れるところまで横か前、または後ろから児童・生徒を支えます。自分で滑れるという意思を示したところから自分で滑らせますが、最後は必ず自然に止まるような地形の選択と周囲の混雑の状況を把握し、恐怖心を抱かずに滑ることができるように配慮します。

支持の方法として、ロープがあります（**写真4-40**）。太めのベルトをつけて（ウェイト練習時に腰を保護するために用いるベルトがよい）、両脇から二本ロープを伸ばし、後ろから引きます。比較的安定感の豊かな児童・生徒は、この方法で十分に楽しめます。そして、ここなら1人で行けるという所まで下ったら、ロープをは

写真4-40　ロープを使っての支持

ずします。

　もう一つの方法は、児童・生徒の前に正対し、後ろ向きになって生徒のスキートップを抑えながらボーゲンで滑りおり、適当な斜度まで降ろすという方法です。いずれの補助の方法も、恐怖心を抱かせないという点が最も重要だと言えます。

(4) 制動の方法

　前述した、指導者が後ろ向きになって滑るという方法で、児童・生徒がスキーのテールを開いた状態で滑り出します。平地でそのスタイルを何回も練習させて、基本的な姿勢を十分に体得してから行います。何回もやっているうちに、スキーを左右に開き、内エッジに加重することがちょっとできるようになります。その時にすかさず「うまい」とほめましょう。滑りながらテールを開くことに意識を集中させるよう「スキーを開いて」という声をかけ続けます。

　慣れたら補助をロープに変えてみます。ポイントは、膝を軽く曲げて進行方向の前に出すことですが、膝を曲げるという指示を出すと、おしりを後ろに落としてしまい、エッジがかえってフラットになってしまうということがおこりがちです。その点に注意します。

　スキーは用具に慣れることが必要ですが、重い用具ですからけっこう疲れます。疲労の具合を見ながら指導することが大切です。また、アルペンだけでなく、歩くスキーは板も軽いし、コースさえ選べばアルペンほど事前練習をしなくても親しむことができます。スキーは事故が多いスポーツですから、安全面での配慮を十分すぎるほど行うことが大切になります。

【後藤　邦夫】

5章
障害者スポーツの歴史と現状

　障害者スポーツはどのような流れをたどってきたのでしょうか？　5章では世界、そして日本での障害者スポーツの歴史と現状、また、その現状が抱える問題点を明らかにします。

1　歴史的な流れ―海外と日本―

2　世界の障害者スポーツの現状

3　日本の障害者スポーツの現状、問題、課題

1 歴史的な流れ─海外と日本─

1．海外における障害者スポーツ

1）第二次世界大戦以前の障害者スポーツ

　　運動療法、スポーツと医学との関係は古くはインドのヨガ、中国の「康復」などにもみられますが、障害のある人のスポーツ（以下、「障害者スポーツ」とする）としては、1880年のロンドンにおいて、両腕に杖をもった2人の片下肢切断の人が、国王の前で競争を行ったという記録があります。また、詩人のバイロン（Byron L：1788-1824）が下肢に奇形を持ちながら水泳、ボートに興じたなどの記録が残されています。

　組織としては、1888年にドイツの聴覚障害者のスポーツクラブが世界で最初のものとされています。このクラブは1910年にドイツ聴覚障害者スポーツ協会へと発展しています。また、1928年にはドイツで視覚障害者のスポーツ団体が設立されています。一方、イギリスにおいても、1922年に肢体不自由者のための身体障害者自動車クラブ（Disabled Drivers Motor Club）が設立されました。1932年には片腕のゴルファー協会（British Society of One-Armed Golfers）が年1回のゴルフトーナメントを開催しています。

2）第二次世界大戦後の障害者スポーツの発展

　　第二次世界大戦後、傷痍軍人のリハビリテーションの一環として導入された身体障害者のスポーツが国際大会開催までに発展した経緯には、故ルードヴイッヒ・グットマン博士（Ludwig Guttmann, 1899-1981）の業績が大きいとされています。

　1944年、イギリスのロンドン郊外にあるストーク・マンデビル病院内の国立脊髄損傷センターの開設と同時に脊髄損傷室の室長として着任したグットマンは、急性期処置から社会復帰を目指した訓練にいたるまでの総合的なリハビリテーションを確立しました。その中にスポーツを取り入れることで、脊髄を損傷した退役軍人のリハビリテーションに対する輝かしい成果をあげました。その要因としてユダヤ人であるがためにナチス体制からドイツを追われ、イギリスに亡命したグットマンが、当時の最先端といわれたドイツ医学の神経医学を専門としていた点、グットマンのリハビリテーション理念、スポーツの導入が遺憾なく発揮

される土壌が新たに開設されたストーク・マンデビル病院にあった点があげられます。

1948年にはグットマンが病院内においてストーク・マンデビル競技会を開催し、以後この大会は毎年開催されました。1945年には国際ストーク・マンデビル競技連盟（International Stoke Mandeville Games Federation, ISMGF：後にISMWSF）が発足して、毎年ストーク・マンデビルにおいて競技会が開催され、今日にいたっています。国際ストーク・マンデビル競技大会は、1960年、オリンピックの開催地であったローマにおいて開催され、初めてオリンピックと同じ開催地で開かれたこの大会は、第9回国際ストーク・マンデビル競技大会であると同時に第1回パラリンピック競技大会の始まりでした。

1964年に東京で開催された第13回国際ストーク・マンデビル競技大会でパラリンピック（Paralympic）と呼称されました。このParalympicは当初はParaplegia（対麻痺）のParaとOlympicとを合わせた言葉として、Paralympicと呼ばれていましたが、現在ではもう一つの（Parallel）Olympicという意味でパラリンピック（Paralympic）と呼ばれています。また冬季パラリンピックも1976年以降、冬季オリンピック開催地で行われるようになり、1998年には長野で冬季パラリンピックが開催され、夏季パラリンピックは1996年のアトランタに続き、2000年にはシドニーで開催されました。

3）障害別国際競技団体の設立

現在、障害別国際スポーツ競技団体は6団体あり、設立年代順に紹介すると、1923年の国際ろう者スポーツ委員会（Comité International Sports des Sourds, CISS）、1945年の国際ストーク・マンデビル車いす競技連盟（International Stoke Mandeville Wheelchair Sports Federation, ISMWSF）、1951年の国際身体障害者スポーツ組織（International Sports Organization for the Disabled, ISOD）があります。このISODは当初、切断、脳性麻痺、その他の機能障害から構成されていました。しかし1978年に脳性麻痺群が分離独立し国際脳性麻痺スポーツ・レクリエーション協会（Cerebral-Palsy International Sports and Recreation Asociation, CP-ISRA）を設立しています。1981年には国際盲人スポーツ協会（International Blind Sports Association, IBSA）が、1986年には、国際精神薄弱者（現在：国際知的障害者）スポーツ協会（International Association of Sports for the mentally Handicapped, INAS-FMH：現在はInternational Sports Federation for Persons with an Intellectual Disability, INAS-FID）が発足し、現在世界の障害別国際競技団体は以上の6団体から構成されています。

1970年代頃までの身体障害者スポーツは、社会復帰の一手段などが主目的で、出場選手の多くも参加することの意義を重要と考えていました。しかし、リハビ

リテーションの普及とともに、技術を磨き競技大会で高記録に挑む競技スポーツへの参加希望者も増えてきました。

このような背景から、世界的な規模の身体障害者スポーツ組織設立の要望が高まり、1982年当時の4障害者団体（ISMWSF, ISOD, CP-ISRA, IBSA）の代表が構成する国際調整委員会（International Coordinating Committee, ICC）が発足し、それ以後はこの委員会を支援する障害別国際競技団体を中心に、国際競技に関する行事が進められていきました。そして、1986年には国際ろう者スポーツ委員会（CISS）、国際精神薄弱者スポーツ協会（INAS-FMH）が加盟しました。

しかし、1980年代後半になると世界各国のスポーツ競技団体を基礎とし、その代表から成るいわゆる国際オリンピック委員会（International Olympic Committee, IOC）に相当する委員会の設立を望む機運が強まり、1989年ドイツのデュッセルドルフで障害者スポーツのための国際パラリンピック委員会（International Paralympic Committee, IPC）の設立総会が開催されました。このIPCの趣旨は、障害者スポーツのレベル向上と身体障害者スポーツ競技種目をオリンピックの正式種目に採用させることでした。このIPC組織は1989年以後積極的に活動を進め、1992年のバルセロナパラリンピック大会後、ICCの解散とともに国際競技に関する調整権などをICCから委譲され、名実ともに国際障害者スポーツ競技を統括することになりました。しかし、この統合が進む中、1995年には国際ろう者スポーツ委員会（CISS）がIPCから離脱することとなりました。要因はIPCと以下の3点について折り合いがあわなかったことからです。それは、

①IPCへの加盟に利益がみられない点、

②手話通訳費用負担の問題、

③障害者の団体を運営するのは障害者自身であるという考え方が理解されなかったことの3点です。

4）知的障害のある人のスポーツ

海外の知的障害者を対象にしたスポーツの組織は、1960年代以降にアメリカ、イギリス、スペイン、オーストラリア、スウェーデンなどに設立されています。

アメリカから発展したスペシャルオリンピックス（Special Olympics）は、故ケネディ大統領の妹ユニス・ケネディ・シュライバー夫人が、自宅の庭を開放して開いたデイキャンプから始まりました。知的障害のある妹をもつ彼女は、知的障害があるためにスポーツに参加できない人々に、スポーツ活動をする機会を提供しました。1968年にはジョセフ・P・ケネディJr財団の支援により組織化され、スペシャルオリンピックスが設立され、設立後は国際本部であるスペシャルオリンピックインターナショナルを設置し、自国の各州ばかりでなく、諸外国においても同様の組織を承認し、これらの組織から派遣された選手により、陸上競

技や水泳などの夏季大会（Special Olympics World Summer Games）と、アルペンスキーやフィギュアスケートなどの冬季大会（Special Olympics World Winter Games）をそれぞれ4年ごとに開催しています。1988年には国際オリンピック委員会からオリンピックの名称使用を正式に認められました。運営はすべて民間のボランティアと寄付により活動が行われていることも特徴の一つにあげられます。

　知的障害者を対象とした国際的な競技団体については、1986年に国際知的障害者スポーツ協会（INAS-FMH：現在はInternational Sports Federation for Persons with an Intellectual Disability, INAS-FID）が、イギリスにおいて設立されました。この連盟による国際的な競技大会は、1992年第25回オリンピック競技大会（バルセロナ）の開催されたスペインで、同国の知的障害者の支援組織とともに、知的障害者のみを対象とするマドリードパラリンピック競技大会を開催し、75カ国、選手2,500名が参加しています。1996年のアトランタパラリンピックでは陸上競技、水泳が、1998年の冬季長野パラリンピックではクロスカントリースキーが知的障害者の競技として採用されました。そして、2000年のシドニーパラリンピックではID（Intellectual Disability）クラスとして、陸上競技、卓球、水泳、バスケットボールの4競技が設けられました。

2．日本における障害者スポーツ

1）視覚・聴覚障害者の体育・スポーツの歩み

　わが国における身体障害者スポーツの歴史を振り返ってみると、教育の中での体育から発展してきたところが大きいことがわかります。それも聴覚・視覚障害者に対する体育・スポーツがいち早く立ち上がったといえます。

　1874年、古河太四郎等が京都において聴覚障害児2名を対象に瘖唖教場を設立し、1878年、盲唖院を設立して視覚障害児と聴覚障害児の教育を始めたのが障害児教育のルーツといえます。このように障害児学校教育は私立学校としてスタートしたといえます。

　一方、1880年には東京にも同様の学校、楽善会訓盲院ができ（1879年、大阪にも模範盲唖学校が設立されましたが、1年で廃止となりました）、それぞれが独自に聴覚障害児・視覚障害児の教育を展開しております。そこでの体育は、京都盲唖院では体育が教育課程では位置づけられておらず、現在の業間体操のような活動が授業の合間や放課後に行われていました。

　その後、京都盲唖院は京都市立となり、東京楽善会は東京盲唖学校として文部省直轄の学校となっています。

　京都盲唖院では、視覚障害者の運動不足から生じる疾病の予防や、発育障害の克服を目的に養護訓練的な体操科（体育）を1884年に教育課程上に位置づけ、

東京訓盲院では1886年、体操科という名称で遊戯、徒手体操、美容術（正しい姿勢の保持他）を内容とする活動が教育課程上に位置づけられました。

聾学校関係では1924年に日本聾唖庭球トーナメント、1926年には、第1回日本聾唖協会陸上競技大会が開催され、盲学校関係でも1925年に、第1回関西盲学生体育大会が大阪市立盲学校で関西周辺の盲学校生徒を集め開催され、翌1926年には、第1回全国盲学生陸上競技大会が大阪市運動場で開催されています。この時期に大会が開催されているということは、1920年代には盲・聾学校教育の中で、球技を含むスポーツがある程度の規模で行われていたことを意味していると思います。

その後、太平洋戦争に突入し、障害児教育どころではなくなり、学校自体が全国的に機能しなくなり、敗戦を迎えました。

戦後、1946年になり、ようやく第19回盲学校陸上競技大会が大阪府立盲学校で再開され、1951年には全日本盲学校体育連盟主催、毎日新聞社共催で第1回全国盲学校野球大会、第1回全国盲学校競泳大会が行われるようになりました。

聾学校でも近畿地区聾学校体育連盟が1947年に設立され、1949年東北地区聾学校体育連盟、1950年東海地区、1951年中国地区、1952年関東地区と、聾学校体育連盟が設立され、野球、ソフトボール、バレーボールボール、陸上競技の地域大会が行われました。

2）肢体不自由者のスポーツの歩み

一方、肢体不自由者のスポーツは、1949年に制定された「身体障害者福祉法」にある身体障害者更生援護施設の運営基準に沿い、更生訓練の一部の運動療法として導入されたことに端を発します。その後1951年に、このような施設内活動を発展させ、東京都は組織的な身体障害者の運動会を開催し、全国に普及する足がかりをつくりました。

1960年、大分県別府市国立別府病院や神奈川県国立箱根療養所で車椅子バスケットボールが紹介され、リハビリテーションの一環として導入されました。以後、ロードレースなどの競技会も行われ、脊髄損傷者がスポーツになじむ契機となりました。また、1961年10月には全国にさきがけ「第1回大分県身体障害者体育大会」が開催されました。この大会は記録を中心とした組織化された競技会としては注目に値する大会でした。翌年の1962年には、国民体育大会を開催した岡山県において、「第1回岡山県身体障害者体育大会」が開催されました。この大会には、県外の身体障害者の参加を認め、他県より3選手が出場しています。1963年には山口県で名称も「第1回身体障害者体育大会山口大会」となり、翌年のパラリンピック東京大会を意識するものでした。

しかし、わが国における身体障害者スポーツの本格的な取り組みは、1964年開催の第13回国際ストークマンデビル大会（パラリンピック東京大会）から始

まったといえます。オリンピック東京大会終了後、11月8日より12日まで、世界各国より脊髄損傷者が参加したパラリンピック東京大会が、東京代々木オリンピック選手村内の織田グランドを中心に（他6会場）第一部として開催されました。

　引き続いて第二部として、11月13、14日の2日間、脊髄損傷者を除いた身体障害者による国内大会が、480名参加のもと同会場で開かれました。

　わが国では、パラリンピック東京大会を契機に身体障害者スポーツが盛んになりました。この大会をこれだけで終わらせるのではなく、「日本でも身障者スポーツ大会を今後毎年の恒例行事として行い、身障者に自信を持たせ、社会復帰意欲を盛り立たせたらどうか」との意見が強く出され、1965年5月、国際身体障害者スポーツ大会運営委員会が、「財団法人日本身体障害者スポーツ協会」と名称を改め設立されました。協会の事業は、スポーツ大会の開催、開催の奨励、国際競技大会への選手団の派遣およびスポーツ指導員の養成が主なものです。この協会の指導により、全国各地でスポーツ大会が開催されるようになりました。

3）全国身体障害者スポーツ大会とジャパンパラリンピック

　1965年11月に、厚生省、日本身体障害者スポーツ協会、岐阜県の協力体制のもと、第1回全国身体障害者スポーツ大会が岐阜県において開催されました。以後、毎年秋季国体の後に同じ施設を使用して開かれています。その後は、各都道府県での理解も徐々に深まり、1982年に開催された第18回の島根大会以降は、1,000名を超える選手が参加するようになりました。

　このようにして、毎年、全国身体障害者スポーツ大会は、国民体育大会と同じ開催県で実施されています。競技は、個人競技として陸上競技、水泳、卓球、アーチェリーの4競技を、団体競技として車椅子バスケットボール、グラウンドソフトボール（盲人野球）、バレーボール（聴覚障害者）の3競技が行われています。

　個人競技における選手の出場チャンスは、一生に1度限りという制限がありましたが、1度参加してしまうと目標を失い、スポーツから離れてしまう選手が多く、地域における身体障害者のスポーツの普及の妨げになっているのではないかとの議論の結果、1997年の大阪大会からは、2度目の参加を認めるようになりました。さらに、中高年層のスポーツに取り組む意欲を高めるため、年齢による2部制（39歳以下と40歳以上）を採用するようになっています。

　2001年（宮城大会）からは、知的障害者の全国スポーツ大会「ゆうあいピック」と統合され、「全国障害者スポーツ大会」として開催されます。

　一方、聴覚障害では1963年に、「日本ろうあ者体育協会」が発足し、1967年には「第1回全国ろうあ者体育大会」を東京都で開催しています。1968年には「第1回全国ろうあ者冬季体育大会」を開催し、以降、全国身体障害者スポーツ

大会とは別に独自に両大会を毎年開いています。

競技別にみると、陸上競技は全国身体障害者スポーツ大会の競技種目として実施されていましたが、1983年大阪市で全国車椅子陸上競技選手権大会が開催されたのを契機とし、全国各地で陸上競技クラブが結成されました。その後、1988年「日本身体障害者陸上競技連盟」が結成され、毎年大阪府で聴覚障害者を除く身体障害者が参加する大会が開かれています。

また、1991年から、わが国の身体障害者のスポーツの競技力向上と、パラリンピックの標準記録を上回る記録を公式に認定するために、ジャパンパラリンピック陸上競技大会と、ジャパンパラリンピック水泳大会が開催されるようになりました。そして、1994年からは冬季競技大会が、1998年からはアーチェリー大会が行われています。

4）知的障害者のスポーツの歩み

わが国において教育現場以外での知的障害のある人を対象としたスポーツは、1960年代初めより一部の地方自治体で、施設間の交流会という形で催されはじめられました。

1961年、精神薄弱関係施設の入所者を対象にソフトボールの大会が、1965年より児童福祉施設等卓球大会が開催されるようになりました。1971年に、福岡県において精神薄弱施設協議会によりソフトボール大会が、また、同年に鳥取県においても県精神薄弱愛護協会によりソフトボールなどの施設親善大会が開かれるようになりました。1979年には九州でも同様な大会が開催されています。

初めての全国規模の知的障害者スポーツ大会は、1981年に神奈川県藤沢市で開催された第1回スペシャルオリンピック全国大会です。この大会は、スペシャルオリンピック日本委員会が1992年に解散されるまで7回開催されました。

わが国で初めて国際的な知的障害者のスポーツ大会に選手を派遣したのは、1983年の第6回スペシャルオリンピック国際大会（アメリカ合衆国）でした。なお、1993年には「スペシャルオリンピックス熊本」が発足、翌1994年には国内の本部組織である「スペシャルオリンピックス日本」が設立されました。現在は、17都道府県にスペシャルオリンピックスの地区組織が設立されています。

知的障害者のスポーツは、その振興が各地で推進されてきましたが、厚生省は国連障害者の十年（1983〜1992年）の最終年を契機として、精神薄弱者（現知的障害者）のスポーツの一層の発展を図るとともに、社会の精神薄弱者（現知的障害者）に対する理解と認識を深め、精神薄弱者（現知的障害者）の自立と社会参加の促進に寄与することを目的とし、全国精神薄弱者（現知的障害者）スポーツ大会を1992年より開催することに決めました。その第1回大会「ゆうあいピック」東京大会は、1992年11月21、22日東京都駒沢オリンピック公園陸上競技場を主会場に、全国の都道府県・政令指定都市から約3,500名の選手、役員

が参加し開催されました。本大会の愛称「ゆうあいピック」の「You（あなた）とI（わたし）」は、この大会に参加するすべての人達の友情の輪を広げるという願いがこめられています。競技種目は、陸上競技、フライングディスク、水泳、卓球、ボウリング、バレーボール、バスケットボール、ソフトボール、サッカー、フットベースボールです。

　ゆうあいピックは、2000年の第9回岐阜大会で幕を閉じ、前述したように、2001年（宮城大会）からは、全国身体障害者スポーツ大会と統合され、「全国障害者スポーツ大会」として開催されます。　　　　　　　　　【阿部　崇】

参考文献
1) 総理府編：障害者白書．大蔵省印刷局，p3-36, 1997．
2) 日本リハビリテーション医学会：障害者スポーツ．医学書院，p2-17, 1996．
3) 藤田紀昭：ディサビリティ・スポーツ．東林出版社，p122-141, 1998．
4) 及川　力：スポーツ教育学研究．**18**（1）：49-54, 1998．
5) 全国障害者福祉センター：障害者と楽しいスポーツ．第一法規出版株式会社，p3-20, 1993．
6) 藤原進一郎編：障害者とスポーツ．財団法人大阪身体障害者スポーツ振興会，p37-38, 49, 1999．
7) 木下秀明：課外体育の史的変遷．体育の科学，**25**（9）：605, 1975．
8) 東　正雄，他：わが国の盲学校および聾学校における体育の形成過程とその特質．金沢大学教育学部紀要　教育科学編，**25**：111-125, 1976．
9) 北野与一，他：日本における心身障害者体育の史的研究（第4報）―大正12年より昭和20年まで―．北陸大学紀要，**2**：81, 1978．
10) 北野与一：日本心身障害者体育史．不昧堂，p210, 1996．
11) 財団法人日本身体障害者スポーツ協会　創立20周年史．p66-73, 1986．
12) 日本リハビリテーション医学会スポーツ委員会編：障害者スポーツ．p3, 14, 1996．

2 世界の障害者スポーツの現状

5章の1で触れられているように、近代スポーツと障害のある人達とのかかわりは、リハビリテーションの手段として用いられたことを源としています[1]。多くのスポーツが持つ勝敗や上達という要素は、必然的により高いレベルで、より強くという思いを伴います。それゆえ、障害のある人達のスポーツが、競技志向に舵を切って行ったことは、ある面では当然といえます。そのような意味において、パラリンピックのアスリート達が、より高度な活動に向かって発展を遂げたことは当然といえましょう。

1. 世界的な現状

前述したように、障害種別6国際組織の調整機関として（ICC：International Coordinating Committee）は、1980年代後半から高まっていった「障害者もオリンピックへ参加したい」という運動に、敏速に対応できなかったことにより、その代替組織として、国際パラリンピック委員会（International Paralympic Committee、以下IPC）が設立されました。IPCは障害者のオリンピック参加を目指し、国際オリンピック委員会とも精力的な話し合いを持ち、過去数回のオリンピックや世界陸上競技選手権等に車椅子種目がデモンストレーションプログラムとして参加が許されていますが、いまだに正式な種目にはなっていません。

IPCの組織は、アフリカ地域31カ国、アメリカ地域30カ国、東アジア地域22カ国、ヨーロッパ地域51カ国、中東地域14カ国、南太平洋地域8カ国の156カ国の各国々の代表、国際障害者スポーツ組織の代表5、国際障害者スポーツ競技連盟の19代表によって組織されています。すべての委員が出席する総会と、その上部組織として、各地域の代表と国際障害者スポーツ組織代表、そして国際障害者スポーツ競技連盟代表23名からなる執行委員会でIPCは運営されています。1999年11月ソルトレイクシティーで行われた定期総会では、アフリカ地域31カ国中4カ国、アメリカ地域30カ国中6カ国、東アジア地域22カ国中6カ国、ヨーロッパ地域51カ国中24カ国、中東地域14カ国中3カ国、南太平洋地域8カ国中3カ国、国際障害者スポーツ組織の代表5、国際障害者スポーツ競技連盟の19代表が出席し、定数の1/3以上の委員が出席をしたので総会は

表4-1 シドニーパラリンピックでの各国のメダル獲得数

国名	金メダル	銀メダル	銅メダル	合計
オーストラリア	63	38	47	148
イギリス	41	43	47	131
スペイン	39	30	38	107
カナダ	38	33	25	96
アメリカ合衆国	35	39	35	109
中華人民共和国	34	22	16	72
フランス	30	28	28	86
ポーランド	19	22	12	53
韓国	18	7	7	32
ドイツ	15	42	37	94

成立しましたが、出席状況をみますと、ヨーロッパ地域は47.1％と最も出席率がよく、ヨーロッパ中心という組織になりつつあります[2]。また、他の地域の出席率を見ますと、アフリカ地域12.9％、アメリカ地域19.4％、東アジア地域27.3％、中東地域21.4％、南太平洋地域37.5％で、概していえば、豊かな国が多い地域ほど出席率はよいといえます。障害のある人達への福祉政策の中で、スポーツのように、より生活を豊かにするという施策は、まず生きるために生じる問題の解決が先ですから、国力が豊かでないとできません。ですから、いわゆる発展途上国といわれる国々では、障害のある人達のスポーツの振興は、先進国といわれる国々より遅れることは当然といえます。国力による格差が障害者スポーツの問題の一つといえます。メダルの獲得数を見ると、2000年、シドニーのパラリンピック大会では、**表4-1**のようになります。

　シドニーパラリンピック参加へのさまざまな事務的な処理の問題に関して、日本の知的障害選手は統一したパラリンピック夏季大会は初出場ですから（1992年、身体障害者のバルセロナと知的障害者のマドリードで分裂開催の時は、バスケットボールと陸上競技、水泳の選手がマドリード大会に参加）、知的障害の部ではいろいろ不明な点が多く、いくつかの質問をシドニーパラリンピック組織委員会やINAS-FIDにしましたが、パラリンピック委員会と開催競技の国際組織、そして障害種国際スポーツ団体との連絡がうまくいかず、朝令暮改のようなことが多々ありましたし、また、競技によって出場選手の決定の方法が違う等の問題があったりで、国際組織としての未成熟を感じます。また、IPCに加盟している障害者スポーツ団体間でも、さまざまな問題があります。1994年、ベルリンでIPC主催世界陸上競技選手権大会が開催されました。その時は、知的障害の選手を含めた初めての単独競技のイベントだったのですが、大会中に知的障害選手の参加に関するアンケートが実施されました。その結果は、70％以上の回答者が知的障害の選手の参加に反対を表明しています。最も大きな理由は、『彼等は身体的な障害がない』というものでしたが、『スペシャルオリンピックスに参加すればよい』と、もう一つの知的障害のスポーツ世界団体への参加を勧める意見や、

中には『車椅子を壊される』と偏見としか思いようのない意見もありました。また、その時の大会では、他の障害と比較すると知的障害の選手が出場できる種目が極端に少なく（知的障害者の種目は全体の2％、他は18％〜32％）、障害者間でのバリアを感じました。この傾向は現在でも存在します。例えば、1998年に開催された長野のパラリンピックでも、知的障害者の種目は、クロスカントリースキーのみで、アイススケート系の種目やアルペンの競技は開催されませんでしたし、シドニーパラリンピックでは、知的障害のある人の陸上競技トラック種目では、男子は100mと400mと1,500mしか開催種目がなく、他の障害との間に差を感じます。今後は徐々に改善されるにしても、当面の重要な課題として障害者間の公平さを求める問題は続くと思われます。

今後の方向として、競技志向を求める声はさらに高まると思います。社会全体がバリアフリーにすすんでいますから、競技力が高まれば、障害のない人と共に競技会に参加すればよいという意見も強くなると思います。しかし他方で、障害のない人と共に競技会に出れるようなレベルにない人もたくさんいます。世界的なこのような状況をまとめて、障害者のスポーツのあるべき姿を導いていくオピニオンリーダーが必要でしょう。

1）イギリスの現状

障害者スポーツの歴史のところで語られているように、イギリスでは、最も早い時期に障害者のスポーツ組織の統合をはかりました。1961年にBSAD（British Sports Association for Diabled）という組織が創設されています。設立当初に加わった組織は、肢体不自由の障害のある人達のスポーツ・レクリエーション組織で、聴覚障害、視覚障害そして知的障害の人達はそこには加盟しませんでした。のちに、すべての障害のスポーツ団体が加盟し、スポーツ評議会を結成します。現在は、知的障害者のスポーツ推進団体が集まってイギリス知的障害者スポーツ協会（州や地域のスポーツ評議会の代表、教育、体育の組織の代表を含め、26の組織が集まっている）を結成し、そこが英国スポーツ評議会に加盟しています。

イギリスではメンキャップという組織が1948年に設立されました。当時のイギリスは、知的障害児の教育がほとんど行われておらず、1970年になって知的障害児教育の義務化[3]がなされています。行政の知的障害者に対する福祉施策も十分でなく、無論、スポーツに関しては、空白状態だったといえます。そのような社会的な環境の中で、保護者たちは行政に頼らず自力で社会的な援助を行う会をつくりました。それがメンキャップです。メンキャップはさまざまな事業を行うなかで、1981年には王室をパトロンに持つ組織として成長し、知的障害のある人達の生活の質を向上させるイギリスの最大組織として、国内に多くの支部を持っています。ヨーロッパでのスポーツ活動は、地域のスポーツクラブを中心と

して展開されています。知的障害のある人達は、クラブへの入会が許されませんでした。そこで、メンキャップに関係する保護者たちが、ゲートウェイというクラブを設立しました。現在、国内（イングランド、ウェールズ、北アイルランド）で700以上のクラブで4万人の会員が毎週活動をしています[4]。ゲートウェイには、8,500人の15歳から25歳の若いボランティアが参加し、彼等は年間約150時間のボランティア活動が義務づけられているといいます。ゲートウェイでは、自分の好みにあったスポーツ・レクリエーションの体験や、文化活動に参加できます。また、各種のスポーツ大会の開催や、ボランティアコーチのトレーニング等も行っています。ゲートウェイクラブの肥大は、イギリスにおいて、知的障害の人達のスポーツレジャー環境を充実させてきました。活動費はメンキャップが60数％を負担し、残りを地方行政機関からの補助金や寄付金、そしてメンバーの会費で運営されていますが、地方行政機関からの補助金はすべてのクラブが得ているわけではなく、クラブによっては資金不足のところも存在しています。ゲートウェイクラブの会員と認められれば、活動保険は無料となりますので、その点では負担が少なくなります。ゲートウェイは、メンキャップの傘下にある一組織ですが、メンキャップでもスポーツ活動が行われており、メンキャップは教育・福祉・政治的な内容を含めた幅の広い活動を行っています。

　前述のように、イギリスのスポーツ組織は、英国スポーツ評議会が組織の要となっています。そこにいろいろなスポーツ団体が加盟しています。英国知的障害者スポーツ協会、ゲートウェイクラブ英国連盟や英国スペシャルオリンピックス、ミニオリンピック、英国パラリンピック協会、英国障害者スポーツ協会は、英国スポーツ評議会に加盟しています。英国知的障害者スポーツ協会は、トップアスリートたちの養成に力を入れる活動の展開を目指した報告書を1996年に発表し、具体的には、パラリンピック運動や、INAS-FID（当時はINAS-FMH）の活動を重視することを、その報告書は記しています。

2）アメリカの現状

　アメリカでは、スペシャルオリンピックスというケネデイー財団をバックに持つ知的障害の人達のスポーツを振興する大きな財団があります。この組織は世界の国々に支部を持つ団体で、オリンピックという名称の使用をIOCから許された数少ない団体の一つです。知的障害の人達に、スポーツの機会と場所と指導者を提供し、スポーツを通して身体の鍛練と精神の育成を図り、社会参加を促進することを狙いとしています。2年に1度世界大会（冬季、夏季）を開催し、アメリカでの世界大会時には、邦貨にして30億円も寄付が集まるとスポークスマンは公表しています。アメリカではボランタリティーに頼って活動をすることを目標としていますが、アメリカ以外の国々では、いろいろな形態で運営されています。中国では政府が活動をバックアップしていますし、日本のように現役や元政府高

官婦人が代表となって資金援助活動をしている国は、アジア、アフリカ諸国には多いようです。スペシャルオリンピックスの特徴は、なるべく同じ実力の選手同士が試合をすることで選手が実力を発揮できるという考えから、同記録保持者同士が試合をするように組み合わせをしています。このため、参加選手は事前に自らの記録を申告し、その申告された記録に基づいて予選を行い、その結果で再度、組を替えて本戦をするという複雑な競技方法を用いています。ですから表彰は個人競技ではヒート毎に行います。団体競技ではその競技を構成する技術でスキルテストをし（サッカーだったら、ドリブル、シュート、パス）得点化します。チームの代表複数名が（競技によって数は異なる）個人技術テストをして、その合計点でグループわけをして、グループ間での表彰をしています[5]。通常の大会では、100m走のチャンピオンは、その種目に出場した中から1人選ばれますが、スペシャルオリンピックスでは多数のメダリストが生まれることになります。

3）ドイツの現状

ドイツでは、日本の体育協会に当たる組織に障害者スポーツ連盟が加盟をして、組織として位置付けられているので、補助金なども、きちんと配分されます[6]。かつて、トップアスリートを応援するプレミアつきの切手の販売があり、その収益を障害のある選手の育成にも用いたといいます。また、この連盟は『どのように重度で、かつ重複した障害があろうとも、すべての障害者は、その人にあった形でスポーツを行う権利を有している。スポーツを行うことは、どのような障害がある人達であろうともタブーではない。スポーツは無論競争をも意味しているが、重度障害者にとって、障害のない人や、軽度の障害のある人の競争システムをただ単純に移行させただけでは意味がない。競技は何でもできることを目標に、26の課題からなる多種競技に挑戦し、できるだけ多くを克服することにある。』と重度重複障害者のためのスポーツフェスティバルを開催して、障害の重い人達に対する配慮を大会開催という形でも示しています。

4）スペインの現状

スペインでは、オンセ、アンデという組織がそれぞれ視覚障害、知的障害の人達のスポーツ振興を行っています。オンセもアンデも、スポーツのみならず、社会参加の促進をもとめ、福祉活動にも力を入れています。その資金として、オンセは宝くじを毎日売り、その収益で活動をしていまが、街頭で宝くじを売る売り子に視覚障害の人達が携わることによって、職域の確保もなされています。

一方、アンデは、知的障害がある人達の保護者が創設した組織で1975年に設立され、スポーツ活動の他に就労促進のための訓練所や、自立のための宿泊施設なども経営しています。スポーツの大会やスポーツ・レクリエーションそして文化活動の場を提供をすることによって、生活の質の向上を目指しています。その

ために、ボランティアのトレーニングを行い、多くのボランティアに支えられた組織です。アンデは、1992年の分裂開催となったパラリンピックの知的障害のマドリードパラリンピックの主催団体として、十分な活躍をしました。

5）フランスの現状

　　フランスに留学している女子柔道の第一人者だった溝口さんから、つぎのような柔道を中心とした障害者スポーツに関する情報をいただきました。フランスには、障害がある柔道選手のすべてを統括したフランス障害者柔道連盟があります。各障害に分かれて存立すると、各々の組織がスポンサー探しをしなければならないことや、重複した障害がある人もいるため、統一していたほうが指導法の研究の面でも合理的という考えに基づいているようです。フランス障害者柔道連盟は、フランス柔道連盟の傘下に入っているのでフランス柔道連盟と会長は兼任ですが、経理や管理面は別建てになっています。また、フランス障害者柔道連盟は同時にフランス障害者スポーツ協会にも属しています。知的障害者のスポーツ組織は日本の文部省に当たる役所がバックアップしていますが、資金面での援助は少額です。スポーツの指導は、青少年スポーツ省が与えているスポーツ指導員免許を持った者が行っており、その免許がなければ指導ができません。その資格はBEEPといい、実力に応じて1〜3までのランクづけがされており、1は県レベル、2は地方レベル、3は国レベルとなっています。BEEP指導員は、障害者も非障害者の指導も担当し、国家から賃金をもらって指導に当たっています。フランス障害者柔道連盟では研究活動も盛んで、指導法などの研究も海外の障害者柔道の指導者を招いて行われています。フランスもヨーロッパ諸国と同様、地域のクラブ組織や公共施設でスポーツライフを楽しんでいますが、一般のスポーツクラブに障害者クラスはありません。しかし、フランスでは、障害のある人達に対する雇用、スポーツ、レジャー、教育他、社会のすべての面に対するインテグレーションの実現を保証するという、1975年6月に制定された法律によって、スポーツ・レジャーを享受することはできています。柔道でいえば、年間60時間のカリキュラムが組まれており、1単位当たり60分から90分の指導を受けに、週に一度町の道場に福祉施設や養護学校の子ども達が通ってきます。授業内容は楽しくできるよう工夫されていて感心したと印象を語っていらっしゃいました。このような場所が、柔道では5カ所指定されているそうです。

6）オーストラリアの現状

　　オーストラリアに関する情報は、パラリンピック委員会とINAS-FIDの水泳担当ディレクターであるアン・グリーンさんから情報をいただきました。オーストラリアでは、認定された障害者スポーツの組織が11あります。切断、視覚、聴覚、脳性麻痺、知的2団体（一つはオースラピッドといい、パラリンピック運動

に通ずる高い運動能力を持った知的障害のある人達のスポーツ団体、他は、前述のスペシャルオリンピックス）、車椅子、移植者（臓器その他）の8団体が障害種別団体です。この他にすべての障害者を対象とした障害者スキー連盟と障害者乗馬連盟、そしてパラリンピック委員会があります。また、オーストラリアは広大な国ですので、地区の障害者スポーツ団体が加盟してつくられているスポーツ団体が西部、南部、ニューサウスウェールズ、クイーズランド、北部、中部の6地域に設けられ、それぞれの地域が、トップアスリートから低いレベルの人達に対してスポーツの振興活動をしています。オーストラリアの特徴として、障害者スポーツ競技団体は、通常の障害のない人達の競技団体と密接な関係を持って活動していることと、障害の有無にかかわらず参加できる大会や、すべての障害を包含した形で運営されている大会運営がいくつか存在する点にあると思います。例えば水泳を例にとると、法人組織であるオーストラリア水泳協会は、水泳のルールブックを発行していますが、その中に障害者のために設けられている特例ルールを記載しています。したがって、水泳競技会には障害の有無に関係なく参加でき、障害のクラス分けのIDカードに従って、適切なルールを適用します。現在オーストラリア水泳協会は、障害のクラス分けを、身体10クラス、視覚障害を3クラス、知的、聴覚、内部障害を各々1クラスで合計16クラスに分けています。

　オーストラリアでは、障害者スポーツのコーチシステムが確立しており、法人組織でオーストラリアコーチング評議会が存在し、障害のある人達は、各々の障害に適した指導を受けることができま。水泳の公認のレベル1のコーチの資格は、2日間の座学と、先輩コーチと共に20時間の障害泳者に対するコーチの実技をすることによって与えられます。

　さらに経済的な問題に関する特徴として、特に能力の高い障害のあるアスリートに対して、地域のスポーツ協会から強化資金が与えられるという点があります。現在日本では、選手強化費用は個人にはほとんど出されていません（パラリンピックなど大きな大会に出場する選手には、合宿の費用などが強化費として支払われますが、毎月経常的に出されるわけではありません）。オーストラリアの選手は、競技力向上のために必要なさまざまな出費に対しても、経済的な支援があります。

2. 活動形態の多様化

　障害者スポーツの振興を図っている国々で、いくつかの共通点を見ることができます。一つは、知的障害では、保護者が先頭にたってスポーツ団体を組織化していることです。これは、障害のある人達自身がそのような活動ができにくいという障害の特性が関係していると思われます。保護者が設立した組織は、どちら

かといえば、生涯スポーツとして生活を豊かにするための余暇の充実といった色彩の濃い組織が多いように見受けられます。それから、障害者スポーツの高度化に対応して、障害のない人達のスポーツ組織と連携を強化したり、それらの組織に包含されて活動をしている点です。しかし、概観した時に、障害者スポーツの振興が図られている国々の多くは、先進国といわれる国々であり、発展途上国といわれる国々では振興があまりはかられていません。1992年、マドリードで別開催されたパラリンピック（知的障害のある人達のみ）では、アフリカ諸国の代表選手の中に裸足の選手が多く見られました。シドニーのパラリンピックでも経済的に豊かな国の選手は軽い車椅子や精巧な義足を使用し、それが成績に大きな影響を与えました。国が豊かにならないと、障害のある人のスポーツどころではないというのが現状だと思います。

　障害者スポーツの活動形態も多様で、障害者としてまとまって非障害者のスポーツ組織に入り活動している国や、障害者組織だけがまとまって活動している国、各障害がそれぞれ独立して個別に活動している国等がありますが、概して、知的障害の人達に対して、身体障害の人達のスポーツの振興に力が注がれているようです。というのは、身体障害の原因が、諸外国では、紛争や戦闘がその原因となっている国が多いからだと思います。民間人を含め、戦闘で傷を受け、障害者になってしまった人達ですから、国はその福祉や生活の質の向上に力を入れるのは国策として当然のことだという受け取り方だと思います。中東には、戦傷軍人のための病院やリハビリテーションセンターの立派なものが設立されています。もう一つの理由として、身体の障害は、労働力になるという考えもあるのでしょう。このような障害者間の差別を時として感じます。

　「日本身体障害者スポーツ協会」は、1999年、「身体」をとって、「障害者スポーツ協会」となりました。障害のあるすべての人達のスポーツの振興に携わることを目的としました。この組織が世界の国々の障害者スポーツムーブメントの良い点を取り入れ、実行されることを願っています。　　　　【後藤　邦夫】

文　献

1) Janet A.Seaman et al : The New Adapted Physical Education. p1. Mayfield Publishing Company, 1989.
2) IPC総会アジェンダ．1999.
3) 落合俊郎：世界の特殊教育の新動向．社団法人日本精神薄弱者福祉連盟，P47，1997.
4) UK Sports Association for People with Learning Disability Information Bulletin "General Information" Newbury Mencap Yearbook 1998. Patrick Slater. Newbury Mwnvap. p8－11 1998.
5) The International Special Olympics Sports Rules Committee. Official Special Olympics Summer Sports Rules 1992-1995 Revised Edition. p9－11.
6) 芝田徳造：スポーツは生きる力．民衆社，p93-95，1986.

3 日本の障害者スポーツの現状、問題、課題

1．日本における障害者教育の歴史

1）スポーツの大会

　　全国身体障害者スポーツ大会は、まだまだスポーツと縁遠い障害のある人達に、スポーツに対する気付きを目的とした参加型の大会で、出場回数の制限が設けられていました。この大会でスポーツに対する価値を見い出した選手達によって、その後車椅子バスケットボール、陸上競技、アーチェリー他の障害者競技団体が設立され、日本選手権などを開催するようになっていきました。

　　しかし、知的障害者は、前述のように学校教育の義務制施行が遅れたため、スポーツの振興の流れに乗ることができず、1981年国際スペシャルオリンピック委員会日本委員会主催の第1回日本スペシャルオリンピック全国大会まで目だった活動はありませんでした[1]。この神奈川で開催された大会を契機に、日本各県でスペシャルオリンピック地区委員会が設立され、各地区の大会が開催されるようになり、第6回の全国大会まで活動をし、第6回ルイジアナ、第7回インディアナ、第8回ミネソタで開催された夏季世界大会、ユタ州での第3回冬季大会にも選手を派遣していましたが、経済的にいきづまり、全国的な活動がとだえました。1996年、再構築されて現在に至っています。

　　前述のように、全国身体障害者スポーツ大会の開催を機に、身体に障害のある人達のスポーツは徐々に発展して行きました。その後アジア・太平洋地区の国々が参加するフェスピック大会も1975年から開催されました[2]。出場選手の1/3を初参加者とする取り決めがあるこの大会は、現在も参加制限をすることによって完全な競技志向を採っていませんが、1976年から冬季大会も開催されるようになったパラリンピックや国際競技大会は、1980年代後半からリハビリテーションの成果を問う大会から、チャンピオンシップを競う大会へと変質していきました。

　　それに対応する形で、参加型の全国障害者スポーツ大会とは別に、競技力を競うジャパンパラリンピックが1991年より開催されるようになりました。その結果、世界的に競技力が向上している中で、パラリンピック出場選手のメダル獲得率を指標とすると、1988年ソウル45個31.9％、バルセロナ30個で40.0％、アトランタ37個で45.7％、シドニー41個で26.79％と順調に競技力は向上し

ているように見受けられます。また、冬季大会では、1998年に行われた長野オリンピック後の長野パラリンピックでは、1994年リレハンメルでのメダルの獲得率が6個の22.2％で、長野が41個の58.6％ですから、地元開催という点を考慮しても、かなり強化策が浸透したといえると思います。

2）障害者スポーツ協会

1999年8月、日本身体障害者スポーツ協会が身体の文字をとり、障害者スポーツ協会としてすべての障害のある人たちのスポーツ振興に関わることになりました。具体的には、知的障害のある人、精神的障害のある人達のスポーツを含めて、スポーツ振興にあずかることになったわけです。さらに障害者スポーツ協会の日本体育協会への加盟が2000年度中に予定されています。これは、スポーツの分野において、障害者間での統合が行われ、さらに非障害者スポーツ団体と障害者スポーツ団体の連携、協力が円滑に行われることを意味しています。

今までスポーツというと文部省がもっぱら管轄するなかで、障害のある人のスポーツは厚生省が管轄をしてきました。文部省の管轄である日本体育協会加盟は、既存の担当省庁の壁を超えた形になります。1998年に出された厚生事務次官の私的懇談会報告書では、いくつかの提言をしていますが、その一つに厚生省と文部省の連携の強化をあげ、定期的な会議の開催を推奨しています。これらによって、スポーツ大会の開催がなされる時に、日本体育協会傘下のスポーツ団体の審判その他役員派遣がスムーズに行われたり、技術の指導が受けやすくなるといったことが考えられます。この青写真が実現されるには、まだ時間を要すると思いますが、将来の進むべき道がはっきり描かれている点において、具体目標がたてやすく、特に今までまったく手つかずの状態だった精神障害の人達へのスポーツの振興が期待されます。

2．障害者スポーツの現状

今まで歴史を概括してきましたが、日本の障害者スポーツの現状を述べるために、障害というものにすこし触れておきたいと思います。まえがきでも触れましたが、世界保健機構（World Health Organization）では、障害を三つの側面からとらえています。十分に理解をしていただくために、もう一度触れておきましょう（まえがきでも記したように、改訂の動きがある）。

WHOの定義
機能・形態障害（Impairment）……心理的、生理的、解剖学的構造または機能の喪失または異常
能力障害（Disability）　……………人間として正常と考えられている形またはその限度内での活動の能力の喪失

　　　　社会的不利（Handicap）…………機能障害や能力障害によって生ずる社会的
　　　　　　　　　　　　　　　　　　　　不利

　機能障害とは事故により下腿膝下切断した結果、私の足が動かないというように、器官が動かない、働かない状態をいい、個人的レベルで障害をとらえています。能力障害とは、機能障害の結果、走ったり、跳んだりといった人間誰もが持っている能力が損なわれた状態をいい、人間的なレベルの視点で障害をとらえており、それらの結果、社会参加が損なわれることを社会的不利といいます。

1）日本の障害者数

　平成11年1月厚生大臣官房障害保健福祉部発表の身体障害者・児実態調査結果[3]の概要からの調査結果を**表4-2**に示します。

　この結果から読み取れるように、障害のある人の総数は約7％程度増加しています。視覚とか聴覚・言語のような感覚器の障害は減少しています。肢体不自由はわずかに増え、内部障害は36％と大幅に増加しています。全障害者数の中で各障害が占める構成比をみると、肢体不自由が56.5％で全障害の半数以上を占め、内部障害が21.2％と続きます。また、年齢別に見ると60歳以上の方が全体の67％を占めており、1級、2級の重度の方は全体の43％を占めています。これらの数値は、世界保健機構で障害者とみなしている、知的発達障害（以下知的障害と記します）のある人とか、精神的な障害のある人、薬物依存の人などは含まれていません。厚生省の扱う部局が、この時点ではちがっていたからです。知的障害のある人については、厚生省は**表4-3**のように発表しています。

　そして、精神障害の人の実数ははっきりしませんが、手帳を持っている人達の数は162,951人ですが、精神・神経的な疾患の入院ベッド数はもっと多いので、実数はこの数を大幅に超えると思います。

　障害のある人達の数は、今後健康思想の普及によって、現在のライフスタイルの変化や自己健康防衛意識の高揚等により減少する部分と、医科学技術の進歩に

表4-2　障害の種別にみた身体障害者（単位1,000人）

	総数	視覚障害	聴・言語障害	肢体不自由	内部障害	重複障害（再掲）
平成3年	2,722	353	358	1,553	458	121
平成8年	2,933	305	350	1,657	621	179

表4-3　知的障害児・者基礎調査
（平成8年11月　厚生省発表資料を筆者が一部書き改めたもの）

	総数		住宅		施設入所	
総数	413,000	100％	297,100	100％	115,900	100％
18歳未満	96,300	23.3％	85,600	28.8％	10,700	9.2％
18歳以上	300,500	72.8％	195,300	65.7％	105,200	90.8％
再掲60歳以上	18,800	4.6％	13,700	4.6％	5,100	4.4％
不詳	16,200	3.9％	16,200	5.5％	—	—

よって、今まで救うことのできなかった命が救われる数が増えるでしょうから、当面微増しながら推移していくものと思われます。

それでは、このような障害のある人達の日本におけるスポーツの現状について、話を進めたいと思います。

2）障害者スポーツ振興

障害のある人達のスポーツ振興を具体的に掌握する都道府県・政令指定都市の障害者スポーツ振興団体（障害者スポーツ協会またはそれに準ずる組織）のないところは17自治体で、知的障害にも身体障害のスポーツ振興にも関わっている組織18自治体、身体と知的が別組織で両立している自治体5、身体のみの組織しかない自治体9、知的のみの組織しかない自治体4（1997年7月：**表4−4**）参照）となっています。これらの組織が、各々の自治体でスポーツ大会を開催していますが、ほとんどの自治体は全国身体障害者スポーツ大会、ゆうあいピックの予選を行っています（出場制限の関係で、予選の勝者が必ずしも本戦に出場するわけではありません）。

全国的な視野での障害者スポーツ振興は、全国障害者スポーツ協会がその役を担っています。スポーツ講習会を開催し、障害者スポーツ指導者の養成や全国大会の主催、海外の障害者スポーツ団体の窓口となって海外へ選手の派遣、選手強化、広報活動、日本パラリンピック委員会の運営他の活動をしています。障害者スポーツの全国的大会には、原則的に参加標準記録または地区予選制度を定めて、それをクリアした選手が出場し日本一を決める陸上競技、水泳のようなジャパンパラリンピック、そして障害種別全国大会があります。その他に、ゆうあいピック全国大会や全国身体障害者スポーツ大会のような、全面的な競技志向でなく、部分的には参加型の要素を残している総合大会、そして独自の哲学で大会運営をしているスペシャルオリンピックス・ナショナルゲーム等があります。ゆうあいピックと全国障害者スポーツ大会は、2001年の宮城大会より合併されて、新しい大会として生まれ変わります。違った障害が合併されるので、競技運営と参加規模の拡大に対し、軌道に乗せるまでが大変と思われますが、関係者の人達の努力が期待されます。2001年の障害者スポーツ統合大会の影響を受け、今まで多くの都道府県・政令指定都市が別々に開催していた身体障害者と知的障害者のスポーツの大会を、統一して開催する気運が盛り上がっていき、実施に踏み切る自治体も現れてきましたが、今までの歴史の相違から、いろいろな問題もあるようです。しかし、これらの問題も、大会の回数を重ねる毎に、克服されていくことでしょう。

表4-4 都道府県・指定都市の障害者スポーツに関する状況

(平成9年7月)

都道府県指定都市	スポーツ協会で対象とする障害				全国大会予選の有無		身体・精薄の合同大会の開催			都道府県指定都市	スポーツ協会で対象とする障害				全国大会予選の有無		身体・精薄の合同大会の開催		
	三障害※1	身体・精薄	身体障害	精神薄弱	身体障害	精神薄弱	総合大会	単一競技	運動会		三障害※1	身体・精薄	身体障害	精神薄弱	身体障害	精神薄弱	総合大会	単一競技	運動会
北海道		○			○		○	○		鳥取県		○			○				○
青森県		—			○	○				島根県			○	○	○				
岩手県		—			○					岡山県			○		○	○			
宮城県		○			○	○			○	広島県		—			○	○			
秋田県				○	○	○				山口県					○	○			
山形県			○		○					徳島県	○				○	○			○
福島県		○			○	○	○			香川県		—			○				
茨城県		○			○					愛媛県			○		○	○			
栃木県		○			○		○			高知県	○				○				
群馬県			○	○	○					福岡県		○			○	○		○	
埼玉県		—			○					佐賀県			○		○				
千葉県		○			○				○	長崎県		—			○				
東京都			○		○					熊本県	○				○				
神奈川県			○		○					大分県			○		○				
新潟県		—			○	○				宮崎県			○		○				
富山県			○		○					鹿児島県		○			○				
石川県				○	○					沖縄県		—			○				
福井県		—			○					札幌市			○		○				
山梨県	○				○	○				仙台市		○			○	○	○	○	○
長野県		○			○		○			千葉市		—			○	○	○		○
岐阜県				○	○					横浜市		—			○	○	○		○
静岡県		—			○					川崎市			○		○				
愛知県		○			○					名古屋市		○			○				
三重県		—			○			○		京都市		○			○				
滋賀県		○			○	○	○			大阪市		—			○				
京都府		○			○			○		神戸市					○				
大阪府		—			○					広島市		—			○				
兵庫県		○			○					北九州市	○				○				
奈良県				○	○					福岡市	○				○				
和歌山県			○		○	○				計※2	6	18	14	9	58	47	13	13	13
										%※2	10	31	24	15	98	80	22	22	22

(注) ※1：三障害は，身体障害，精神薄弱，精神障害をいう．
　　※2：大会については，宮城県と仙台市，京都府と京都市は合同で実施しているものである．

3．障害者スポーツの問題点、今後の課題

　　　　組織の上では日本障害者スポーツ協会が設立され、日本の障害者スポーツ全体を統括する団体ができ、他方、地方レベルでは、都道府県単位の障害者スポーツ組織が多くの自治体でできており、それらが有機的につながることによってスポーツ振興が円滑になされることが期待できますが、以下のような問題点も抱えています。

1）障害者間のスポーツ振興速度のずれ

　前述のように、スポーツのスタートが各障害ばらばらであり、その差は依然として存在します。知的障害の場合は、スペシャルオリンピックの活動が1981年に開始された時に、当時知的障害のある人達の福祉や権利の問題に取り組んでいた財団法人全日本手をつなぐ育成会、日本福祉協会（旧日本愛護協会）内部では、競技スポーツへの取り組みに関して、意見がまとまりませんでした。それは「『知的発達に障害があることで、障害の無い人達からいわれない差別を受け、同時に、同じ障害を持つ仲間から速く走ったり高く跳んだりすることができない』という理由で差別を受けることに耐えられない」という理由でした。スポーツ振興の活動が、少しずつすすんできた現時点で、かつて心配されたことが現実になりつつあります。一部のトップアスリートと生涯スポーツを愛好する人との間に、大きな溝ができつつあります。海外の大会や、パラリンピックに出場する知的障害の選手たちは、身体資源に恵まれている選手か、良い指導者がコーチとしてついていて、継続的に週あたり数日教えてもらえる選手か、居住型施設に在籍し、施設長が運動に理解があり、毎日運動時間を必ず確保し、指導を受けられる環境にある選手、比較的知的能力が高く、自力通学ができ、下校のバスの時間に左右されないため、放課後、先生の指導を受けられる学校在籍生徒に限られています。この状況は知的障害だけでなく、障害のある多くの人達は求めれば練習の機会や指導者、練習場所に恵まれ、トレーニングをつむことができるといった環境にありません。知的障害では、このような現象が予想できたからこそ、もろ手をあげてスポーツ大会というわけにいかなかったことと思われます。いつでも、どこでも、誰でもがスポーツに親しむことができる環境があって、体力をつくる、人との交わりを楽しむ、自分の立てた目標に挑む、健康のために行う等の生涯スポーツを目標とする人、他人に負けないで頑張るという競技スポーツを志向する人と多様な選択肢の中から、自分が望むスポーツにいつでも触れることができ、その中で希望すればステップアップを図りながらトップアスリートへの道を目指すスポーツ環境ができて平等にスポーツライフが享受できるといえます。

2）指導者の問題

　私が東京都の知的障害養護学校に通う生徒の保護者の方々に、「子ども達のスポーツを振興させるためにどのようなことを望みますか」[4]というアンケートをとったことがあります。回答の1位は指導者の養成で、指導者を求めている人達が多いという結果でした。今まで身体障害者スポーツ協会が行っていた障害者スポーツ指導員養成制度では、11,000人を超える指導者を養成しています[5]。しかしそれらの人達は、スポーツ大会等の行事の時に活動するだけでほとんど活動はしていないという実態もあります。その人達が活躍する場所がなければ、障害

のある人達のスポーツの機会は増加しません。スポーツを気軽に行うためには、スポーツを行う場所へのアクセスが手軽であることが必要と思います。ですから、移動能力に問題を持つことが多い障害のある人達にとって、スポーツの場所は住んでいる地域での活動が望ましいのは当然です（そのためのスポーツ施設の改善は前提ですが）。地域のスポーツセンターなり校庭や体育館を解放している学校で、決められた時間帯に障害者スポーツ指導員やボランティアが駐在し、そこに障害のある人達がスポーツに来るといった環境を設けることができれば、スポーツはかなり身近なものになるはずです。そこで好みのスポーツ活動をするなかで、ある程度の技術やルールやマナーを身につけ、障害のない人達のスポーツクラブに移行するなり、競技会に出場するといったステップをふまないと、いきなりそのような場所に参加しても互いに戸惑を感じるだけでしょう[6]。スポーツ指導員の活動如何で、障害者スポーツの振興、統合の飛躍的な伸びが期待できるのではないでしょうか。

3）遅れている振興策

スポーツの振興の度合といった点で見ると、現在、精神障害の人達のスポーツはほとんど表に現れてきていません。デイセンター等の活動で、スポーツは行われています。私の教え子で精神的なバランスを崩した学生がいました。彼とはずっとつきあいは続いていますが、彼は、「精神的なバランスを崩すと、とにかく疲れます。その理由の一つに、薬の副作用があります。とにかく体力で何とか乗りきらなければしょうがないのです。体力をつけることで、疲れに対する感受性を少し緩めることができます。体力がつくと、意欲も湧いてきます。また、スポーツをすることでコミュニケーションをとることができるのでスポーツは貴重な時間でした」と語っていました。リハビリテーションの領域が主で、生活を豊かにするといった視点での地域スポーツ活動や、大会開催などが行われていないようです。この点に関しても、関係者の方々の意見を聞いて、具体的な策の立案が必要でしょう。

4）スポーツの場

現在、障害のある人が優先的にスポーツができる施設として、障害者スポーツセンター協議会加盟団体施設が19施設あります。大阪と東京、広島、神戸、群馬が2カ所加盟していますから国内で14都府県となります。このほかに、勤労身体障害者体育施設が34県に34施設あり、勤労身体障害者教養文化体育施設が28道府県33カ所あります。これらが1施設も無い県が2県あり、3種類のうち1施設しかない自治体が16あり、この現状をみると、新しく箱物を建設する費用より、前述したような地域の学校をリフォームしたほうが経済的にもよいといえます。さらに、現施設を利用している人達について調べて見ると次のようなこ

とがいえます。地域によって、障害のある多くの人が利用している県と、あまり利用されていない県とがあります。たくさんの人が利用していると推測できる所でも、約10％の障害のある人しか利用していません。10％しかというか、10％もというかは意見が分かれますが、その程度です。10％でも、施設の稼働率はそんなに高くないのです。このことは、利用者の拡大の余地があるということで、今後の課題といえそうです。

　長野パラリンピックの映像は、多くの人に感動を与えたといいます。しかし、それによって影響を受けスポーツをしたくても、指導者や指導の場所、指導の機会のない人がいっぱいいて、結局は諦めなくてはならなかったり、障害が重いため指導の対象外であったりといったケースが多くて、『いつでも誰でもどこでも』スポーツをと言い難い現状の中で、将来のスポーツライフを見つめた教育の展開が、普通学校でも、特殊学校でも期待されているのではないかと思っています。

【後藤　邦夫】

文　　献
1）芳賀　衛：スペシャルオリンピックを企画する意義．スペシャルオリンピック：12-17，1981．
2）日本リハビリテーション医学会スポーツ委員会編：障害者スポーツ．p6，1996．
3）財団法人厚生統計協会編：国民福祉の動向・厚生の指標　第42巻．1995年．
4）後藤邦夫：東京都精神遅滞養護学校生徒のスポーツライフに関する一考察．スポーツ教育学研究，**12**（2）：129-136，1991．
5）（財）日本障害者スポーツ協会編：日本障害者スポーツ協会パンフレット．p6，1996．
6）Jan.Sneegas：障害者のスポーツ教育　統合への課題．スポーツ教育筑波国際研究集会大会号．p199-203，1990．

注：各障害者スポーツ組織の設立年代は、1995年日本身体障害者スポーツ協会刊「国際パラリンピック委員会総会等開催報告書のステッドワース国際パラリンピック委員会会長の報告文」によった。

6章
座談会・対談
学校体育と障害者スポーツ

　6章には、学校体育や障害者スポーツを実際に経験してきた障害がある方々と、教育現場の指導者達による対談を収録しています。学校体育のあり方や障害者スポーツの視点から、「バリアフリー」、「共生」とは何かを解くカギが語られています。

1　座談会

2　対　談

座談会
1 学校体育と障害者スポーツ

● 鈴木　徹（筑波大学体育科専門学群2年）
● 中村恵理子（会社勤務・東京トリトンスイミングクラブ）
● 筑波大学附属学校保健体育研究会

司　会：貴志　泉（筑波大学附属高等学校教諭）

貴志：今日の座談会では、21世紀の体育・スポーツのあり方についても話し合っていきたいのですが、この本の主旨に則って障害者をとりまくスポーツや、彼らを対象とした学校教育の中での体育の現状や将来の展望等を踏まえながら整理していきたいと思っています。

そこで、まずシドニーのパラリンピックの話題から話を進めていきます。鈴木さんは今回のパラリンピックに走り高跳びで出場したわけですが、参加してみての感想や、国のサポート体制、それから現地でのさまざまな人々とのかかわりみたいな点をどう感じましたか。

◆パラリンピックに出場して
鈴木：そうですね。サポートとして、いろいろな面でのバックアップが必要だと思いました。例えば、企業の方とかに航空機のチケット代くらい出していただければ、海外遠征をして実践的な経験を積むことができます。

なぜなら、日本チームの場合「障害者の陸上

● 貴志　泉
筑波大学附属高等学校教諭

● 鈴木　徹
筑波大学
体育専門学群2年

平成11年2月　交通事故により右下腿切断（A4・F44）
平成12年2月　中央大学にて初跳躍（記録1M65）
4月　九州パラリンピック大会（記録1M74）日本新・大会新
5月　ジャパンパラリンピック兼日本選手権（記録1M81）日本新・大会新
6月　筑波大学競技会（記録1M85）日本新
10月　シドニーパラリンピック大会（記録1M78）6位

イコール車椅子」という図式があって、ほとんどが車椅子の方のサポートばかりなのです。ですから、車椅子のメカニックマンは同行しても、僕達のような義足のメカニックはまったくいなくて、すべて自分でしなくてはなりません。

それから、指導者の面でも僕が義足であることを知った上で陸上を指導できる方はいないと思いますし、現地でのマッサージとかコンディショニングに欠かせないトレーナー的な役割をお願いできる方がいないのが現状です。今回も現地のボランティアの方や、海外のトレーナーに随分お世話になりました。

ですから、良い成績を残すには選手個人の能力の問題だけでなく、その選手をサポートする周囲の体制を整備する必要があります。競技へ

のエントリーを含めて、選手が試合に集中できるようなシステムづくりが大切だと痛感しました。

貴志：つまり、パラリンピックも健常者のオリンピックと同じようなレベルで準備を含めて考えていかないと、これからはダメだと言うことですね。

鈴木：そうです。最終的には選手個人が気持ちを強く持って、環境の変化にもうまく対応して勝つしかないのですが、もう少しサポート体制を考えてほしいと思います。

貴志：今後の予定はどう考えていますか。

鈴木：来年、2001年の海外での試合に申し込みました。何故なら、日本国内の大会に参加しても義足の部の走り高跳びの選手は僕一人だけで、競う相手もなく記録の善し悪しにかかわらず成績は一番なのです。

だから、どんどん世界に出ていって、競い合う中で経験を積まないと、パラリンピックのような大きな舞台では力を発揮できませんし、今の状態なら世界で勝たないと、この競技をやっている意味はないんです。

貴志：世界で競い合うこと以外に、海外遠征の経験を積むことの意義はありますか。

鈴木：そうですね。日本では競技の順番や開始時間といったものはあらかじめ決めてあって、その通り流れていくのが普通です。けれど、海外では競技の順番やプログラムの変更が結構ありますし、審判の試合の進め方も個性があってばらばらです。

競技日程が変わると、調整がまったく変わってきますから、それは大変なことです。でも選手にはみんな同じように関係しますから、その環境変化に戸惑うことなく、力が出せないとダメなのです。シドニーの大会ではこのことの大切さを本当に痛感しました。競技のエントリーとかもすべて英語ですから、語学の勉強も欠か

●山本　悟
筑波大学附属小学校教諭

せませんね。

最後は自分一人の戦いだから経験を積むしかないので、積極的に海外に出ていこうと考えるようになりました。

山本：障害者の大会で競う相手がいないのなら、健常者の大会に出たらどうですか。

鈴木：そうですね。確かに、今回のパラリンピックで銀メダルをとったアメリカの100ｍ走の義足の選手は、確かマリオン・ジョーンズと一緒にトレーニングをやっていると言っていました。

日本でも合宿があるのですが、単なる顔見せ会みたいな感じで…。ここでオリンピックチームの人との交流とかがあれば、緊張感や雰囲気も変わると思います。一緒に練習しなくても、見ているだけで意識が高められると思います。そんな環境の必要性を感じます。

寺西：水泳でメダルを取った河合さんなんかも言っていましたよ。彼は世界大会に6回くらい参加してますが、世界大会は本当に何が起こるかわからない。でも、逆に平等なんだって。外国の選手はそんな中でも実力を出している。だから、それらに打ち勝つだけの自分の強さが絶

●寺西　真人
筑波大学附属盲学校教諭

●中村恵理子

会社勤務
東京トリトン
スイミングクラブ

出産時のトラブル（早産、仮死状態）などによる脳性麻痺から四肢体幹障害と2歳のとき診断される（原因については推定）。
幼少時はつたい歩きで生活。
4歳で数歩歩いてから本格的にリハビリを開始。
リハビリの結果、独歩にて（補助具なし）歩行可能になる。
水泳、車椅子バスケット、モノスキー、カヌー、キャンプなどのスポーツ活動をしていたが、現在、状態が悪化し、車椅子にて移動。水泳、マシーン使用のトレーニング中。

対に必要です。競技場に入るとコーチの声は届かないし、結局は自分で判断するしかないのですからね。

◆国のバックアップ体制

寺西：障害者スポーツに関係している選手でも大別すると、生涯スポーツとしてやっている人、パラリンピックの代表になることを目標にしているアスリート、そして単に代表になるだけでなく決勝に残ってメダルに手が届くレベルのトップアスリートの三つぐらいに分かれるように思います。

今回のシドニーでいくつかの競技を観戦してみて、日本選手団の中でトップアスリートは10人いるかいないか位だと思います。その人達の中のごくひとつかみの選手は、アテネでもメダルに手が届くはずです。でも、あとの人達は国内でこれからレベルをどのように上げていくのか。ここにいる鈴木さんを含めて大切な問題です。

彼らのレベルを上げるには、どんなサポートや環境が必要なのか。今後の大きな課題のように思います。少なくとも海外は本気で競技スポーツとして考え、国全体を挙げて応援していますから恐らく飛躍的に伸びるはずです。一方で、日本はまだやってあげてるという感じですから、アテネはかなり厳しいと思いますよ。

中村：水泳で成田さんがたくさんのメダルを取って帰っていらっしゃいましたね。この間テレビのニュースを見ていたら、彼女が「職業を持ってメダルを取るのはもう難しい。仕事をやめて水泳に没頭していくしかない。そうしないと世界に通用しない時代がやってきた。」と話していました。

貴志：日本はだいぶ厳しい現状のようですね。海外のサポートは具体的にどうなんでしょうか。

寺西：海外はナショナルチームと一緒に練習するとか、国が費用を出してくれるといったことがありますね。

練習するとお金がかかるしね。鈴木さんもこれからお金が大変だよね。自費でしょ。

鈴木：親の負担も…。

寺西：そのあたりから陸上協会がバックアップしてくれるとか何かがないと、一学生や一社会人なんかは費用的に年に何回も海外に行けませんからね。

原田：日本のスポーツ文化そのものがそうですからね。オリンピック選手でも仕事は休めないから、辞めてオリンピックに出ますという例も聞いたような気がする。それは障害者スポーツに限らず、日本のスポーツ文化が成熟していな

●原田　清生

筑波大学附属盲学校教諭

●松原　豊

筑波大学附属
桐が丘養護学校教諭

い証拠です。

松原：セミプロというのは、そこから生まれてきた制度ですね。半分プロで、お金は企業から貰えるのですが、実態はプロですよね。結局はそんな形でないとメダルを取れる選手にはなれないのでしょうね。

◆障害者スポーツをめぐる問題

貴志：中村さんはスポーツ活動として水泳に取り組んでいらっしゃるそうですが、ご自分の感覚と周囲の反応とのギャップを強く感じられるそうですね。

中村：そうですね。10年前から水泳をやっていて、メディカルチェックが始まった頃です。その頃のチェックはいい加減と言っては申し訳ないのですが、試行錯誤というような感じで、単純に病名やどこから切断といったことでクラス分けしているという印象が強かったですね。

　見た目で理解できないところで力が入るのかどうかといった観点から能力を調べたりしないんです。私の場合でも、左手の握力が弱いことをアピールしても、グーパーができるという理由で取り合ってくれないようなことがありました。

貴志：なるほど。クラス分けの曖昧さを体験されているのですね。そのほかで水泳のトレーニングで困ったことなんかはありませんでしたか。

中村：例えば、一般のプールでトレーニングをします。すると、係員がずっとついてきます。「ほんとに泳げるのかな。」という感じでね。そして、泳ぐ様子を確認して、ようやく離れていきます。

　そして、500m位を休息しないで泳いでいると、「結構いけますね。」と安心して声をかけてくださいます。つまり、そういうところのインストラクターをされている方でも、障害者のことはまったく知らないに等しいのでしょう。残念に思えます。

松原：手助けをするとか、介護するという意識や発想しかないんだよね。

中村：そうなんですよ。ただ危ないという意識が強すぎて、それはしかたがないところもありますが。今は東海大学の水泳のコーチと出会い、指導を受けています。その方は障害者のことをよく理解されていて、きれいなフォームで泳ぐため、歩けるようになるために筋肉自体を作り直そうということで、私に適したメニューを考えてくださっています。

　つまり、そういう指導者がいないと障害者のスポーツは、今の障害のレベルを落とさないための現状維持のトレーニングに終始してしまいます。記録をめざしてやりたいのに、障害のリハビリで十分じゃないの？　という感じで、障害者がスポーツをするということが浸透してないことを実感します。

◆メディアの与える影響

山本：話は変わりますが、長野のパラリンピックで障害者スポーツの映像がたくさん出て、今回のシドニーもNHKを中心に情報がいっぱい流れましたね。そして、世の中にはこんなにいろいろな障害者のスポーツが存在することが少しずつ浸透してきたように思います。

　テレビ朝日が、アトランタの時のように日本選手だけでなく海外の選手についても満遍なく紹介してくれたような形で、今回のシドニーも

マスコミが整理してくれると、今ここで話題になっていることがより明確になって世の中に広まるように思うのですがどうですか。

貴志：それに加えて、メディアがスポーツに与える影響のようなものもあわせて話していきたいのですが。どうでしょうか。

鈴木：今回のシドニーはメディアが多かったので、企業の方がそれらの情報や映像を見てくれて、今後少しでも力を貸してくれるようなことが出てくれば、メディアが来てくれてよかったと僕らも思えます。

でも、今まで受けた取材を振り返ってみると、自分の試合のスケジュールや日常生活のリズムを無視して、メディアはどんどんと入り込んできます。だから、自分の気持ちをしっかり持って自分中心に取材の日程とかを組んでもらうような主張をしないと、メディアにつぶされてしまうように思います。

貴志：メディアに振り回されないことを感じたということですね。

中村さんは現在のメディアからどのような印象を受けますか。

中村：今のメディアを見ていて、時代が変わったなあと思うのは、昔は「お涙頂戴」のシナリオが多かったじゃないですか。足が悪いのにこんなに頑張っているというようなパターンですよね。

でも今は番組づくりに参加できるようになってきていますよね。私はアトランタの前に、同じ水泳クラブのある選手の特集番組の企画に携わった人を、見てきました。音楽からナレーションまでいろいろと指示を出して、「お涙頂戴」でない特番として放送されました。

その後から、テレビのドラマでも障害者ものが出てくるようになったと思います。聴覚障害とか、知的障害とか、つい最近では、肢体不自由で車椅子を使う人を題材にした「ビューティフルライフ」ですよね。

実際に車椅子に乗っているので、周りの人の見る目が変わってきているのがよくわかります。例えば、これまでは誰も声をかけてくれなかったのに、若い人が「大丈夫ですか。お手伝いすることがありますか。」と声をかけてくれます。その声のかけ方も前と変わってきています。

前のように、どこに行っても突き刺さるような目というのは、あまり感じなくなったように思います。いいドラマをやってくれたなあという感想を持っています。どのドラマを例にあげても影響は大きいでしょう。

山本：私は小学生が相手だから、まず自然に障害者に関する情報が子ども達の中に入っていけばいいなと考えています。

最近はありのままの映像でたくさんの情報が出てきていますから、子ども達のもののとらえ方や考え方はかなり違ってきていますし、これから総合的な学習で「健康や福祉」についての取り組みも取り上げていくことになっていますから、必ず福祉とか介護といったようなキーワードが広がっていきまよ。

小学校の段階で、このようにものの考え方として障害者のいる世界や領域があることを知ることは、子ども達の意識を随分と変えるはずです。

内田：中学校でも、授業を受けている子ども達の意識が変わってきていることを感じます。テレビでパラリンピックの映像を見ているからだ

●内田　匡輔

筑波大学附属中学校教諭

と思うのですが、子ども達が自分で目標を持ってトレーニングをするような授業をしますと、自分が目標とする選手の名前の中に、マイケル・ジョーダンや巨人の松井選手などに並んで、パラリンピック水泳の成田選手の名前があがってきたりします。

彼女のような気持ちを持って頑張りたいというように子どもは言うんですよ。ですから、情報が子ども達に均等に届きつつある状況で、それをどのように受けとめるのかという意識が、これから問われてくるような気がします。

原田：パラリンピックがあれだけの時間NHKで報道されたということが、社会に与える影響は大きいと思います。今まで何故そんなに理解が不足していたかと言うと、障害者に対する排除の歴史があったからです。だから、小さい頃から障害者とのかかわりを持つ社会になれば恐らく自然に解消していくように思うんです。

今回、文部省が出している統合教育に向かいつつある部分は、ある意味いい方向に向かっていると思います。ただ、そこでどういう方向づけをするのかが、これから大事な部分になると思います。

さっきスポーツセンターの話が中村さんから出ましたが、スポーツセンターでも障害者のスポーツセンターだと、障害者しか来ないので障害者同士のかかわりはできても健常者とのかかわりが全然できていかない。ですから、普通の場所にいろいろな立場の人が触れ合いをもてるような環境づくりをどうしていくのかが大きな課題です。

中村：危機管理という発想に固執することなく、危なくないトレーニング環境をきちんと作っていかないと、技能の伸びというか効果を上げられないということですよね。

原田：それもあるけど、それは障害のあるなしに関係なくて、同じような性質の問題を抱えているように思います。

そういったことより、寺西さんに聞いた話ですが、パラリンピックに行くと、義足の人が、義足のまま堂々と街中を歩いていたりするそうです。国内ではそんな姿をあまり見かけないので、この話のような光景が当たり前になっていくようなことが大切だなと思ったのです。

確か鈴木さんがテレビで、義足のまま短パンで歩いていましたよ。彼のような人が増えてくると変わっていくのかもしれませんね。

◆ **リハビリテーションから障害者スポーツへ**

貴志：鈴木さんの場合は、1年半前まではハンドボールでインターハイに出て注目された選手だったわけですよね。それが、事故で障害者のスポーツの世界に入ることになり、実際に障害者の方に接してみてどんな感じがしましたか。

鈴木：僕は高校3年の冬に事故をして、大学進学は決まっていたのですが、大学1年間は休学したんです。5カ月間入院して、その後一応は復学したのですが、歩くこともできないために大学に行ってもしかたないと考え、休学することに決めました。

そして、多摩障害者スポーツセンターでリハビリをしようと考えて、センターの近くでアパート暮らしを始めました。

センターに行ってみて、はじめは未知の世界なので驚きの連続でした。でも、僕が義足のま

までセンターを歩いていると、年配の方が話をしてくれたり、指導員の方がいろいろとバックアップしてくれたりと、親身になって助けてくれましたので、センターに行って本当に良かったと思います。

センターには、健常者の人が行ってもびっくりするような人もいますし、車椅子で驚くぐらい上手にバトミントンをやる方もいらっしゃいます。そういう環境にストレートに入ったので、できるスポーツを何でもやってやろうという感じで、下宿からセンターに自転車で通って、さまざまなスポーツをリハビリを兼ねてどんどんとやっていきました。

ですから、障害者の方とのかかわりも自然で「こんな世界もあるんだ」という感じでしたし、大きなギャップを抱いたこともそんなにありませんでした。

貴志：ということは、すぐに切り換えができたということですか。

鈴木：そうですね。さっきも話したように、車椅子の人とかとバトミントンや卓球をするのですが、本当に上手なんですよ。普通の大会に出ても結構いけるんじゃないかなあという感じでした。

ですから、僕も地区の大会にバトミントンで出てみたりしましたし、スノーボードもやっていたので今度、挑戦しようとも考えています。

もともと現役の時にできたのだから、障害者になってもできると思っています。少しずつですが、バスケットやハンドボールのシュートをやってみると動けるようになってきています。

やはり、健常者と違ってやった分だけすぐに返ってくるんです。健常者だと技能の伸びはそんなに望めませんよね。でも、僕らは競技の前にリハビリ段階があって、全力ではないけれども少しずつ動けるようになることが嬉しいのです。

ところが、義足の人でも努力をしないと、やはり走ったり動けるようにはなりません。本当にトレーニングとかリハビリをやっていかないと全然歩けないのです。努力をした者だけが競技の選手になれるように思いますし、目標を見つけてそれをあきらめずやった人だけが、自分のやりたいスポーツをやれるようになります。ですから、障害者になってからは「あきらめる」という言葉を意識しなくなりました。

そして、僕の夢は、昔の仲間と一緒にまたハンドボールをやることです。医者にはできないと言われたけど、やれるようになるには何をしていこうかと考えています。そのためにはまず走ることができなくてはと考えて、基礎を積み上げています。

後藤先生とも相談しながら陸上部に所属して高跳びをやっていますが、それも、もう一度ハンドボールができるようになるためです。だから、今、やっている陸上は、ハンドボールをするためのリハビリ段階というか、通過点なのです。

原田：そういったものの考え方が大切なんだろうね。それとつながるように思うのですが、一般の大会に、車椅子など障害者がもっと出られるようになるといいですよね。今はそれがとても大切なことのような気がします。この間の番組を見ていると、鈴木さんはきっとまたハンド

ボールができるようになると思いますよ。義足なりの難しさはあるでしょうが、多分できるようになるはずです。
寺西：昔は視覚障害者が市民ロードレースに出るとなると大変でした。でも、今は出られない大会なんてないですよね。
松原：伴走者つきで出ることがうるさく揉めたのです。今は盲導犬と一緒に走りたい人もいるらしいですね。
原田：盲導犬はランナーより前を走るから、規則違反かな。だいいち盲導犬は走らないように訓練されているし。(笑)
山本：そのあたりのルールを柔軟に捉えていくことは、どんどんと育っているように思います。ほとんどの人が体育という教科の中でスポーツに接するわけですが、年齢が高い世代ほど既成のルールのままでスポーツとかかわってきているように感じるからです。

例えば、授業の中でソフトボールはやるけど三角ベースではやらないといったような、スポーツ文化を変に大切にする考え方がかつてはあったように思うのです。そのあたりの考え方が変わって、若い世代ほど柔軟な視点で運動やスポーツと親しむような授業を受けてきていますから、今後もっと変わっていくはずです。
貴志：そのようなルールの変化があると、スポーツがいろいろな立場の人と一緒に楽しめるようになったり、スポーツが遊びから始まって今のルール形態になったことの意味をきちんと指導する形にしていくことの必要性を感じますよね。

中村さんは、桐が丘の小学部から一般の中学校に進まれましたよね。その頃の体育の授業はどうでしたか。

◆**学校体育の中での障害児**
中村：小学校の時は、クラスの中でも障害の程度が軽い方だったので、自分達で考えてゲームなんかをつくってました。

例えば、野球が立ってできないなら、座ってやればいいとか言って、ゴロのボールをバットで打ってハイハイをして1塁まで行ったり、守りもハイハイでボールをとるような感じでした。その他にも、アイスホッケーのスティックのようなものでキックベースをやったり、体育で習ったことをヒントに考えたものもありました。工夫をすれば、みんなでできました。

障害児として生まれてくると、子どもなりにもできることとできないことが生活していくうちにわかってくるのです。だから、できることを使って遊びをつくっていくのです。

高学年では、クラブ活動があって授業でやったことのないバスケットやサッカーなんかもやっていました。もちろん座って手やスティックを使ってですけど、お互いに負けたくないという競争心を煽ってやってましたね。
貴志：なるほど、よくわかりました。学校の体制として、桐が丘は恵まれていたこともあってよかったということですね。中学はどうでしたか。
中村：そうですね。桐が丘で6年間「養護・訓練」という授業のおかげで、支えなしでの状態で歩くこと、走ることが可能になったので、地域の中学校にいっても問題ないなと思ったのです。将来、就職したり社会に出たときに、引け

目を感じたくないし、そのためには今から準備が必要だと考えて公立の中学に入学しました。養護学校で十分保護されて育ったこともあって、自立するには次のステップが大切だなあと考えるようになったからです。

入学したのは少し荒れた中学校でしたが、体育の面ではすごく恵まれていました。

中学校ですから、当然、障害者の受け入れ体制があまりないわけです。だから、「体育は見学でいいよね。」と言われました。

でも体育がやりたいので、校長先生と直接お話をして、これまでに自分が体育やスポーツにどのようにかかわってきたのかを説明したのです。そして、自分でできる運動・できない運動がよくわかっているので任せてほしいこと、そしてケガをした場合にも一切の責任を問わないので、ぜひ体育をやりたいとお願いしたのです。

貴志：担任の先生ではなく、直接、校長先生に言ったの？

中村：その方が話が早いと思ったのです。当時の校長先生は柔道部の顧問か何かで元気のいい方でした。「そんなにやる気があるなら、やりなさい。ほかに困ることはないのか。」って言ってくださったので、階段に手すりをつけてもらいました。

そして、ほとんどの体育の授業に参加できましたし、ユーモアのわかる体育の先生にも出会ったので運動会やスポーツ大会なんかも参加しました。「運動会の徒競走の途中でこけて血でも流すと感動を呼ぶよなあ。」とか言って（笑）。本当にバリアフリーの考えを持った方でした。

例えば、ハンドボールは倒れ込みシュートをやったり、仲間のサポートで平均台の上で開脚前転をやりました。みんなで動きを合わせるダンスのようにできない運動でも音響係とか、走り幅跳びの審判をするというように私の役割を見つけてくれて、見学にならないような工夫をしてくださいました。

ですから、私の記憶の中では体育の授業を見学した覚えはありません。ただ一つだけ行かせてもらえなかったのは林間学校で、山登りが健康面で心配だということで許可になりませんでした。部活は水泳をやりたかったのですけど、プールの設備が古いのか、水がすごく汚いのでやめました。

それで、卓球部に入りました。生徒（先輩）が練習のメニューを考えていましたが、みんな、私を普通に扱ってくれて、さぼっていると練習日誌に書かれたりもしました。さすがにみんなと同じ量の練習をこなすことはできませんから、ランニングは半分で、遅れたらみんなで待っていてくれるというように配慮してくれました。

貴志：最初に見学でいいよねと言ってきたのは体育の先生？

中村：いいえ。校長先生に「みんなで相談したんだけど、障害者で今まで体育をやった人いないんだよ。」と言われました。

阿部：途中から障害のない人と同じように扱ってくれたと言われましたが、校長先生の指示でそうなったのかなあ。

●阿部　崇

筑波大学附属
大塚養護学校教諭

中村：私に許可をくださった校長先生は、翌年に異動になったんですが、そのまま体育を続けるうちに、体育の先生との信頼関係が深まっていったのです。

そんなことですごく恵まれていましたが、それなりにわかってもらうために、口や手を使ったり演技したりして、自分でできること一つ一つを説明したのです。通信簿は確か3くらいの成績がついていたように思います。

今、思うと、体育の教育は本当に大切だと思うし、スポーツと離れられない生活を現在もしていますから学校教育の場で受けた体育の授業に感謝していますし、恵まれていたなあと思っています。

だから、障害者だから危ないから見学という決められた図式ではなくて、やりたい人は誰でも参加できるようになるべきです。選択できる自由があって、やりたいと言ってきたら学校側も努力してなんとかするような関係になっていくべきではないでしょうか。

そして、障害者は自分の体や障害がどういうものなのかをよく理解して、健常者の先生や友達にわかりやすく話せるようになる必要があります。遠慮しないで「やりたい」と言うこと、自分でできることとできないことを伝えること。まずはこれが大事だと思います。

伝えても「ダメだ」と言われたら、今のところは我慢するしかない。仕方ないですね。

松浦：そうやってうちの高校（桐が丘養護学校高等部）に戻ってきたわけだけど、高校での体育の授業はどんな感想を持ってる？

中村：養護学校といっても質は高かったと思い出します。思いっきり汗を流せる！　最高でした。高校では車椅子のバスケットやっていましたけど、授業ではペタンクなんかを懐かしく思い出しますね。

松原：ボッチャの前に取り扱った教材です。まだボッチャがなくて、似たようなものがペタンクだったのです。

中村：そういうのがあったりして、結構新鮮なイメージがありましたね。高校に来て、どんどん無理をしたり歩いてはいけない体勢で歩いたりしたものですから、足がぼろぼろになってアキレス腱の手術をしたのです。

その時は本当に不安でした。まがりなりにも歩けていたのが「リハビリいかんでは本当に車椅子になるかもしれない」と言われて、涙が出ました。でも負けず嫌いの性格でしたから、車椅子で東京都の大会にエントリー、代表に選ばれて沖縄国体に出場しました。陸上の投擲と車椅子陸上です。

その他に水泳も並行してやっていました。水泳は社会人になっても東京トリトンというところでずっと続けていました。メダルはエントリーすると、競う相手も少ないせいか、必ずもらえました。家にはダンボール2箱くらいのメダルや賞状があって、これって意味あるのかなと思うものもあり、さすがに全日本の大会に行って、平泳ぎで新記録を出した時は納得しましたから額に入れて飾ってありますけれど。

●松浦　孝明

筑波大学附属
桐が丘養護学校教諭

◆体育・レクリエーションスポーツの目的

貴志：中村さんのように恵まれた環境で学校体育とかかわりを持つことは少ないのでしょうね。

中村：そうかもしれませんね。少し話がそれるかもしれませんが、私は障害者として生まれたのですが、きっと何か役に立てることがあるに違いないと思って、上智福祉専門学校に入学したのです。

そこではいろいろな話が聞けました。鈴木さんのように障害をすんなり受け入れられる人、そうでない人、本当にさまざまです。福祉関係を就業にしたいと目指す学生でも中には、「知的障害者はかわいいけど、肢体不自由児は言いたいことを言うから生意気だ。」なんて言うんです。もう全然理解がなくて、いなければいいといった邪魔者扱いのような人もいたのです。

学生としてやることがいっぱいで毎日大変でしたが、それにも増して障害者に対する悲しい考え方に心はパニック状態でした。

何とか乗り切れたのは、レクリエーションスポーツに出会ったからです。先程話したペタンク、それからミニホッケーのようなものから始まった結果、キャンプにたどり着いたのです。キャンプは人の輪をつくります。私はキャンプが好きになって、キャンプのワーカーになろうと考えています。障害者であってもみんなと共に山登りとかハイキングをやっていくのです。上智大の保健体育の先生がチャレンジすることを認めてくださったのです。

そこで感じたのは体育もレクリエーションも大切なことは、共に助け合って目的を達成させることだと思います。

体育でも一人でする競技がありますが、団体で助け合ってやる競技もたくさんありますね。リレーとか駅伝のようなのは、足の速い人や遅い人いろいろいるわけですけど、健常者もそれをカバーし合ってするわけです。だから、健常者・障害者と分けて考えてもらいたくないなというのが私の気持ちです。

今の学校で共に助け合って目的を達成することは少ないですよね。だから、人の気持ちがわからないとか、いじめたり意地悪してしまうことになるのではと思うようになったのです。だから、障害者であっても特別な視点で見るのではなく、まず同じ視点で見たり判断していという気がしています。

◆筑波大学の体育の授業

貴志：中村さんの話で障害者と学校体育のかかわりが見えてきました。ところで、鈴木さんは大学に復帰してから、単位はどんなふうに取っていますか。

鈴木：一応は全部もらっていますけど、実技は自分でできる種目を全部やらせてもらっています。例えば、武道系は弓道ならできるので、それを選択し、陸上と体操ならば陸上を選んで、砲丸投げや高跳びなどできるものをやっています。あと世界大会に出ても出席の免除が効くといったことはありません。これはオリンピックでも同様だそうで、そんなことも平等にみてくれます。（笑）

貴志：後藤さん、その点はどうですか。

後藤：今は実技でもいくつかの群の中から選ぶ形式になっているので、彼が自由に選択できると思いますよ。それと、昔と違っていろいろな

●後藤　邦夫
筑波大学体育科学系助教授

面で大学サイドも変わっています。
　例えば、体育の学部に入るには健康で体力のあることが条件でというイメージが合ったわけですよね。以前、在学中に心疾患が見つかった学生がいて、授業が全部とれないために辞めてしまったのです。理由は単位が取れないからですが、今は教員側も、今やれるものでいいよという感じ、できる形で参加すれば実技ができなくても認めようということになっています。
　つまり、受け入れる側もかなり変わってきています。これは県レベルの教員の間でも同じような傾向があると思います。
山本：そこのところは非常に大切で、大学に行ってまでも個人技能を向上させることが中心で、それを支える学問的な領域も技能の向上と結びついている感じでした。
　例えば、いろいろな立場の人がスポーツや運動を楽しむ権利や方法、ものの考え方としてのその意義については、教わったりしませんでした。これから先生になるという立場になった時、運動やスポーツのとらえ方が柔軟であるかどうかはすごく大事です。普通の人がスポーツにかかわるのは学校教育が中心ですから、先生になる人自体に柔軟な判断が必要となりますよね。
　ここで話している障害者のスポーツや運動のあり方を考えていく際のヒントではないでしょうか。
内田：そうですよね。スポーツはこれまで体力や技術を向上させることばかりでしたから。動くことが当たり前という発想から、リハビリや治療という考え方にあるように、動かない体が少しずつ動くようになっていくというようなものの考え方に触れるかどうかで、「スポーツ」に対する考え方が随分違うんじゃないですか。
　後藤さんは、大学でこんな考え方の体育の授業をされているように思いますが、他の先生方もそういう立場で学生を指導する観点を意識するべきではないですか。そういった面で、鈴木さんの仲間はどんなことを言っていますか。
鈴木：今は、仲間も全然普通ですよ。
　はじめは知らないじゃないですか。だから先生方と相談して、自分を紹介するビデオを作ってもらったのです。僕だけではなく、耳の不自由なダンス専攻の女子学生の方と2人分です。
　それを先生方の会議で流し、さらに仲間にも紹介していただいたのが大きかったと思います。ビデオがなかったら少し不安でしたし、仲間もそれで理解してくれ、今のように普通にやれたと思います。体育実技の授業でも、ハイジャンプだけは友達にも勝つので嬉しい気持ちもありますし、障害者でもできることを証明できています。
　ですから、先生方が障害者と健常者の違いをしっかり理解して、授業を進めていけば、障害者もすんなりと入れると思います。
後藤：今、鈴木君が話したように筑波大学では体育専門学群でもハンディキャップのある人に門戸を開いています。
　鈴木君の言ったビデオを作って、教官の意識

を高めたり、会議を開いて共通認識を持ったりして、できる限り2人の障害を配慮した授業づくりを心がけようとしています。でも、ダンスの女の子が授業で何が一番困るのかはやっぱり予想できないことが多い。

　そこで、彼女が授業で何が困るのかをきちんと主張できることが大事になります。われわれもできる限りやりますけど、頭で理解しても実際にやってみないとわからないことだらけです。授業を受けて、当人が僕らにフィードバックしてくれると「ビデオを使った授業は有効だ。」とか、「板書をきちんとするといい。」といったようにね。

　こういった繰り返しでだんだんと授業がよくなっていくのですが、どこの教育現場でも同じだと思いますから、状況を前向きにとらえて一つずつ壁を乗り越えていけばいいのですね。さっき、中村さんは、自分で校長先生にかけあったということですが、大変な勇気を出さなくてもできるような環境があればいいのかなという気がします。

貴志：そのビデオはどんな経緯で作ったのですか。

後藤：教育担当の副学部長がビデオレターというのを作って、顔写真とか経歴を整理して「こんな人が入ってきます。」ということをフレッシュマンセミナーで紹介したのです。その中で、鈴木君達とのコミュニケーションのやり方などを説明したのです。

　だから、その時点で鈴木君はこんな人なんだということが、新入生のみんなにわかったと思いますよ。

◆指導者の養成と現場からの発信
貴志：同じ集団で生活していくのですから、お互いに共通認識をはじめから持たせることが重要なのですね。ビデオを活用する方法は、これから統合教育が始まっていく場合の一つのきっかけ作りになるかもしれませんね。

松浦：先程から出ている話題ですが、「できること・できないこと」について、中村さんの場合は、それが自分でよくわかっているから伝えられたと思うんです。鈴木さんも同じです。

　ですが、障害のある人でもそれをアピールできない人達もいるので、それを代弁してあげることも大事です。今の段階では、その人達にかかわる方がきちんとその役目を果たさなくてはなりません。

　将来的には代弁しなくても、誰もが見ただけで「あっ、この人はこんなことができて、これがむずかしいんだな。」と判断できるようになっていけばと思います。確実な判断はダメでも、ある程度は理解できる形になっていくことが望ましいですね。

松原：そこまでいくには障害のある本人が、積極的に主張するだけでなく、われわれのような特殊教育に携わっている者や福祉の専門家が「ものの見方にはいろいろある」ことに関して、もっと情報開示していく必要があるかもしれません。

　それからアメリカでインクルージョン（包括教育・共生教育）を実践している学校のように、通常教育の教師と特殊教育の教師が同じ学校の中にいて、チームを組んで教育に携わっていくような形になっていくといいのですが。

　その場合は、障害者体育（Adapted Physical

Education）の教師は障害のある子どもだけでなく、障害のない子どもの指導もします。例えば、障害のない子どもの中で、体育の苦手な子どもや、ケガをして一時的に通常の体育のプログラムをすることが難しい子どもなどのケアをしていくような連携ができているのです。

阿部：それはどこかで研修とかしているのですか。

松原：大学の体育指導者コースの中に障害者体育のコースがありますし、通常の体育教師でも望めば、障害者体育の研修を受けることができるようです。

原田：盲学校にいて20年近くになりますが、ようやくその人の障害に対して、こんなことをやればいいのかなという部分が見えてきたような気がしています。

ところが、今の盲学校の現状では2〜5年単位で人事が動いたりしますから、その中で特殊教育の専門性というのは、なかなか培えない気がしています。例えば、小学校にいきなり全盲の子どもが入学してきて、体育はどうしますかとなったら、ほとんどは見学になるはずです。先生は何をやったらいいのかわかりませんから。

その子に聞いてもわからないと思いますから、お互いが暗中模索しながらやっていくのが現状だと言えます。でも、ある程度の専門性があるならば、少しずつサポートできますから、われわれが持っている方法論やノウハウが広まっていくことは、統合教育が進む過程では意味を持ってくるように思います。

寺西：今、視覚障害で統合教育や普通教育を受けてきて、うちの盲学校に来た生徒達の実態を見ていくと、体育についてはやはりお客さんになっていて見学だった子が多い。

だから、この本づくりを進めていく意味は大きいと言えるよね。そして、われわれの持っている知識がすべて正しいわけではないから、これらをたたき台にして、全国の先生達が「視覚障害ある子どもにスポーツを指導するにはこんなやり方がいいよ。」みたいな感じで、たくさんの実践例が出てくるようになっていくことを期待しています。

松原：一般に、スポーツに対する危機管理の必要性の高いことが、障害のある人がスポーツに取り組むことに対して抵抗が大きいことの原因の一つになっていると思います。

過去にマラソンなどのスポーツが女性にとってリスクが高いという理由で禁止されていたのと同様に、「危機管理」という言葉が排除の原因となってしまいます。使い用によっては耳あたりのよい言葉なのでよけいにそうなのかもしれません。

内田：一つの学校に必ず障害者の体育の専門家がいることが理想なのですが、現状では、中村さんのお話にあったように、学校サイドが理解を示してくれないと見学というのが、今のところの現状なのでしょうね。

山本：ただ、教員の養成システムのところにそのプロセスを組み込めるかどうかが、今後は大きな鍵を握っていくように思います。

実際問題、小学校でも先生次第で体育の授業内容は大きく左右されます。笑い話ですけど、1年中ドッジボールしかしないとか、雨になったら別の教科に変わってしまうなんてこともありますから。

貴志：先生を養成するシステムのところで、ものの考え方とか、体育の授業をどのように考えていくのかといったこと、それから学生が現場に立った時に本当に役立つような授業なり講義なりを工夫していくことを考え直していくべきなのかもしれませんね。

それから、はじめにメディアの話題をしましたが、教育の現場が変わらないうちにメディア

だけがどんどん先に行って、障害者というものを認知しています。同じ観点から見ているのに、教育が立ち遅れているのです。

後藤：だけどね、本当は認知だけじゃない。例えば、乙武さんが「五体不満足」に書いているけど、身体にハンディがある人があんなに頑張っているから、障害のない自分はもっと頑張れというみたいな「すり替え」があるんですよね。

つまり、障害のある人が払った努力がもっと大変になるかもしれないのに、どうも結果ばかりを見ている傾向があるのです。

それは、長野のパラリンピックをいろいろなメディアが中継し、今回はシドニー、そして次の大会まで何もなく、アテネが近づいたらまた中継というサイクルが続いていくのかなという気がするのです。そのサイクルはひょっとすると短くなっているかもしれないけれど。

結局メディアが流しているのは、中村さんならよく分かるかもしれませんが、「お涙頂戴」という部分がどうしても背後にあります。メディアはその部分だけに触発されているだけで、本当の意味での理解をしていないという感じがしています。

そこで、これからどのようにするのかというと、システマティックな変革として教員養成の現場である大学で専門のコースを設置する動きを主張すること。小学校、中学校を含めた公的施設での、ある時間帯の優先利用など、スポーツの場が制度的に設けられること。そして、その一方で現場からの発信としてどんな形で携わっていけるのかを検討していく必要があると思います。もっと発信できるものがあるような気がしています。

研究会での発表は当然続けるのですが、われわれの側の努力が反対に問われていくのかもしれませんね。

貴志：そうですね。いろいろなところでそれらの発信を具体的な形にする必要がありますね。積極的に発言することが大事です。

鈴木さんも中村さんもこれからのメディアとのかかわり方を考えて、うまく活用されるとともに、自分の意見や意志を適切に表現していっていただきたいなあと思います。

障害者の体育やスポーツの世界とその現状を検討しながら、21世紀の障害者スポーツや学校体育のあり方についての方向性を探っていけたでしょうか。司会の不手際で、話し合いが十分にまとまらなかったかもしれません。お許しください。

長い時間、ありがとうございました。

（2000年11月26日収録）

2 対談 学校体育と障害者スポーツ

●河合　純一（シドニーパラリンピック日本選手団主将・現　静岡県公立中学校教諭）

●ききて：寺西　真人（筑波大学附属盲学校教諭）

寺西：今日は、障害者スポーツの現状が抱える問題とパラリンピックを、また、教員という立場でご自身の体験を河合さんにお話しいただこうと思います。
　河合さんはパラリンピックに出場されましたが、パラリンピックは今後どのように進展していくと思いますか？

◆パラリンピックの今後
河合：これからのパラリンピックは、オリンピックが歩んできたような状況を20年ほど遅れながら、歩んでいくのではないだろうかと思います。つまり、商業化が進んでくるということです。特に障害者スポーツにおいて、資金が苦しいのはどの国も同じでしょうから、商業的になることで、救われる部分もあるでしょう。ただ、オリンピックのように、一部の選手に資金が集中したり、また、勝利にこだわるあまり、ドーピングや、メディカルチェックをごまかすといったことが出てくるかもしれません。これらをきちんとしていくことも、国際的な流れの中で、大切になってくるでしょう。

寺西：パラリンピックに対する国内での取り組みなどについてどう思いますか？

河合：国内的には、アテネにむけ、今回シドニーの結果に満足することなく、新たな強化策を打ち出す必要があるでしょう。参加者数が、日

●河合　純一
静岡県
公立中学校教諭

1975年生まれ

静岡県浜名郡舞阪出身
筑波大学附属盲学校　高等部から早稲田大学に進学

バルセロナパラリンピック
銀2　銅3
アトランタパラリンピック
金2　銀1　銅1
シドニーパラリンピック
金2　銀3
日本選手団主将
水泳全盲の部で獲得

本よりも少ない国に、メダル獲得数が及ばなかったのですから。この強化をすすめる上で、障害の程度の軽いクラスについては、健常者のスポーツ団体との密接な関係作りが生まれてほしいと考えています。単なる障害者スポーツの強化だけでは、障害の程度が軽いクラスになればなるほど、強化が難しいことが、今大会の結果が物語っていますから。

寺西：日本と海外の選手を比較して、どんなところが異なっているのでしょう？

河合：海外の選手は、セミプロ状態の選手も少なくありません。一方、日本の選手は、競技成績だけでなく、彼らの所属がどこであって、どこで学んでいるか、どこで働いているかなど、これらが、記事となることが多いと思います。

寺西：選手をとりまく環境に違いがある？
河合：そうです。つまり、障害者アスリートは、仕事をし、競技することに価値があるとされ、賞賛される傾向があるように思います。健常者のスポーツ選手では考えられないことです。健常者の選手は、所属の名前を出すことが宣伝効果とされているのですから。これでは、まだ、障害者スポーツは完全なるスポーツとして、日本では認知されていないということだと思います。
寺西：長野パラリンピックや今回のシドニーもいろいろなメディアによってかなり報道されました。報道と認知の間にはまだまだ溝があるということでしょうか？
河合：近年、障害者スポーツの選手は、アスリートとして、メディアをはじめ認知されつつあると思います。同じ障害がある者として、それらの選手を目標とし、がんばる者もいるかもしれません。しかし、一方で障害者スポーツが健常者の目にどう写っているのかは、いささか不安です。例えば国内でも、車椅子バスケットを健常者もいっしょになって行う運動がおこっているように、実際に参加して体験してみることが障害者スポーツへの理解につながると考えています。
寺西：確かにメディアで取り上げられない部分がまだまだ多いのも事実ですね。
河合：そして、もう一つ。アスリート達がパラリンピックを目指していくことによって、競技重視、記録重視に多くの人々の目が奪われてしまい、生涯スポーツの中の一つである障害者スポーツや、リハビリテーションとしての障害者スポーツが蔑ろにされないだろうかという危惧を抱いています。
寺西：生涯スポーツという点から考えた場合、現状のスポーツ指導者についてどう思いますか？

河合：日本では、それぞれの競技団体ごとに指導員を認定してますが、この指導員は、その競技のトップアスリートを育成することに目がいきがちだと感じています。もっと、競技人口を広めたり、競技のおもしろさを伝えたりという姿勢が必要なのだろうと思います。その中で、障害がある人にもスポーツ（競技）を指導できるようにしていけないものだろうかと。つまり、指導員の資格に、高齢者や、障害者に対しても、その競技のことを指導できる人に資格を認定するようになればいいのではないかと考えます。実際、障害者がスポーツ施設さえ利用できないという事態があちこちで頻発するのも、指導者養成の問題点の現れだと思います。

◆学校教育の現場にある問題点

寺西：先ほど、理解という言葉がありました。教員という立場から、理解を育む場としての学校教育での問題点などは？
河合：現状の学校教育においては、教育改革の流れの中、「勤労体験」や、奉仕体験が増えてきました。しかし、その体験が短期間のため、浅い理解にとどまって終わることが多いように思えます。そして、中には形だけの体験から短絡的な批評をはじめる場合さえあります。例えば、目隠しをして、視覚に障害のある人に共感することを意図した体験をするとします。もしそれが短時間の経験に終わると子ども達の中には「おもしろい！」というだけで終わる意見さえ聞かれるかもしれません。教育現場、授業という限られた時間の中で、障害のある人達のことを扱う上で、学校教育の指導者は細心の注意をはらう必要があります。
寺西：今、大学で介護体験を義務化している学校もあるようです。
河合：そこで求められるのは深い理解です。
寺西：しかし、一方で現場の指導者自身の障害

に対する理解度を問題にする声もありますが？
河合：実際、指導者に問題がある場合も中にはあるでしょう。しかし、「教師はこうあるべき」「教師はオールマイティーであるべき」というステレオタイプな教師像を社会が押しつけている限り、あらゆることを教師一人ひとりの自主性だけに頼らなくてはなりません。むしろ、障害者に対する理解を深める計画的な機会が、システムとしても必要なのかもしれません。教員という仕事だけでも、日常の勤務時間をオーバーするのが一般的なのですから。
寺西：児童や生徒への理解を促す一環として、例えば授業で使用する教科書から変えていく方法もあると思いますが？
河合：以前、私は、「道徳の時間」で使用される副読本で障害者に関する題材がどのぐらいの頻度で扱われているのかを、小学校1年生より、中学3年生にいたるまで、調査したことがあります。副読本も、教科書の改訂にともない改訂されていますが、近年、扱われる量は増加傾向でした。つまり、障害者への理解を深めていくための基盤づくりは、ちゃくちゃくと進みつつあるのです。しかし、道徳の時間の実施状況は、担任教師の裁量となりつつあり、内容も、計画を立てて行われているものの、時期をみはからい、学級に必要な項目を扱っています。学級に障害者でもいない場合、学級内のいじめや、奉仕活動への意欲づけなどの項目に比べて扱われる可能性は低いといえるでしょう。

◆**理解へ向けての取り組み**

寺西：ではどのような教科が障害者への理解を促す上で重要な授業と考えていますか？
河合：決まった教科というよりも、あらゆる教科で、扱いうる可能性を模索するのが、まず第一だと思います。
　また今後、「総合的な時間」というものをどのように活用すべきなのかを考え、よいプログラム（授業スタイル）を提案し、提供するということも大切だと思います。先ほど、システムのお話をしましたが、授業をするのは教師であり、同じ材料であっても、調理する人によって、完成は異なるように、一人ひとりの教師の心の問題のようにも感じています。
寺西：学校、指導者、そこで学ぶ児童や生徒、授業や教材を含めたいろいろな側面から模索し、少しずつ知り、理解していく。ここに今後の社会が共存していくための重要なポイントがあるということですね。
河合：ですから、私も今後、単なる講演会としての活動だけでなく、何か、私から提案できる授業を出し、TT（ティーム・ティーチング）として、うまく活動できるプログラムを開発できていければなあと思っています。これは、私の仕事でもあるのかもしれません。
寺西：今日はありがとうございました。
（2000年12月31日収録）

2001年4月30日　第1版第1刷発行
2010年5月20日　　　　第3刷発行

バリアフリーをめざす体育授業
定価（本体2,300円＋税）　　　　　　　　　　　　　　　　検印省略

　　　　　　　　　監　修　後藤　邦夫 ©
　　　　　　　　　編　者　筑波大学附属学校保健体育研究会 ©
　　　　　　　　　発行者　太田　博
　　　　　　　　　発行所　株式会社　杏林書院
　　　　　　　　　　　　　〒113-0034　東京都文京区湯島4-2-1
　　　　　　　　　　　　　Tel　03-3811-4887（代）
　　　　　　　　　　　　　Fax　03-3811-9148
　　　　　　　　　　　　　http://www.kyorin-shoin.co.jp

ISBN 978-4-7644-1563-8　C3037　　　　　　　　　　杏林舎／川島製本所
Printed in Japan

・本書の複製権・翻訳権・上映権・譲渡権・公衆送信権（送信可能化権を含む）は株式会社杏林書院が保有します．
・JCOPY ＜（社）出版者著作権管理機構　委託出版物＞
　本書の無断複写は著作権法上での例外を除き禁じられています．複写される場合は，そのつど事前に，（社）出版者著作権管理機構（電話03-3513-6969，FAX 03-3513-6979，e-mail：info@jcopy.or.jp）の許諾を得てください．